シン・ユダヤ人の教え

和田詩雷
Shira Wada
三方眞己子
Mamiko Mikata

CROSSMEDIA PUBLISHING

In the middle of every difficulty lies opportunity.

あらゆる苦難の中に、
チャンスがある

アルベルト・アインシュタイン

プロローグ
世界で大成功するユダヤの教え

この本の執筆に至ったきっかけは、ユーチューブの『PIVOT』出演から始まりました。私は日本とイスラエルのビジネスコンサルタントとしての15年以上の経験を持ち、ビジネスだけではなく文化やコミュニケーションの違いを越え、時には個人として深くクライアントとかかわりながらリレーションを築き、日本とイスラエルのスタートアップ業界との架け橋となる役割を果たしてきました。

また、イスラエル軍8200部隊に属していたこともあり、これらの経験が思いがけずに、番組出演の機会へとつながりました。8200部隊とは、イスラエルの特殊部隊であり、極秘任務を遂行します。日本では想像できませんが、軍事での技術開発が国内のスタートアップの発展に大きく寄与しています。この部隊での経験は、私のキャリアにおけるビジネスやテクノロジーへのアプローチに大きな影響を与えました。

『PIVOT』への出演は、日本でのイスラエルとユダヤ文化への関心が非常に高いことを改めて実感させる経験でした。番組への反響は大きく、「世界で大成功するユダヤの教え」の動画再生数は54万を超え、私たちは感動と同時に、責任感も感じました。多くの人々がイスラエルの情報に耳を傾け、私たちの専門知識や活動に興味を示してくれたのです。

イスラエルのビジネス文化は、直接的で抽象的なアプローチを重視しています。例えば、イスラエル企業は、新しい技術やイノベーションの可能性を重要視し、そこからビジネス戦略を展開します。プロジェクトは、具体的な細部よりも大きなビジョンに基づいて進められることが多いのです。これに対して、日本企業は詳細な計画とリスクマネジメントを重んじ、段階を踏んで慎重にビジネスを進めます。この文化的な差異が、両国間のビジネスにおいて大きな影響を与えており、私の役割は、これらの違いを認識し、両者の理解を深める橋渡し役を担うことです。これまでにもイスラエル企業が提案する大胆なアイデアを、日本企業の詳細な計画と調和させることで、互いの強みを生かした協力関係が築かれた事例をいくつも見てきています。

文化的な違いは、日本企業にとって理解しづらい側面があります。イスラエルのビジネスパーソンは、忌憚のない質問をぶつけ問題解決に対して直接的アプローチを好むのに対し、日本のビジネスシーンでは主張を控えめにする傾向があります。このコミュニケーションスタイルの違いが誤解を招き、外国人から見ると日本人は意見がないように見えたり、関心がないように思われることもあるのです。

このような違いを乗り越え、両国間のビジネス関係を深めるためには、相互理解と文化的感受性が重要です。これらの違いを理解し、対応することで、より強固なビジネス関係を築くことが可能になります。

また、ビジネスだけではなく教育方法にもさまざまな違いが見られます。イスラエルにおいて教育とは、単に知識を与えるものではなく、次世代を形作る基盤だと考えられています。

日本とイスラエルのハーフとして育ち、二つの異なる文化の中で成長した私がめざすのは、多様な文化的背景から得た洞察を通じて、未来の子どもたちに新たな視野を提供すること。二つの、あるいはいくつもの異なる文化から学ぶ教育的アプローチは、これからの子どもたちに多様な世界を生き抜く力を与えてくれると信じています。

この本を通じて、私はビジネスパーソンとして、また母として、次世代に対する深い愛情と責任を感じながら、国際人としてあるべき理想の姿を探求していきたいと考えています。

2024年2月吉日　イスラエル　テルアビブ

和田詩雷

シン・ユダヤ人の教え　目次

第1章 シン・ユダヤ人の教え

第2章 イスラエルを知ると、世界が変わる

第3章 交差する運命：シイラとマミコの物語

第4章 ユダヤ人の教育から学ぶこと

ブックデザイン・制作
クロスメディア・パブリッシング

第1章

シン・ユダヤ人の教え

夢が非現実的であるほど
ライバルは減る。

ラリー・ペイジ／Googleの共同創業者

世界中で成功をおさめているユダヤ人たちは、彼ら独自の価値観と信念を大切にしています。その思考は長い歴史と文化を通じて培われ、現代に至るまで受け継がれてきました。彼らの成功の背景には、教育への強いコミットメントと知識への探求心があります。本章では、「シン・ユダヤ人」と呼ばれるコミュニティの成功の秘訣を、具体的な10項目、または10カ条として紹介します。

これらの教えは、単なるビジネスにおける成功にとどまらず、人生全般にわたる豊かさと満足を追求するための指針となります。シン・ユダヤ人たちは、困難な状況にも屈せず、常に前向きな姿勢を保ち、人生をより良く生きる方法を模索し続けています。彼らの生き方には、学びへの情熱を持ち続け、独創性を失わない姿勢が根づいており、これが彼らを成功へと導く源となっています。

第1条

リスクをものともせず突き進む「Chutzpah《フッパ》」精神

イスラエル国家が1948年に成立する以前から、この土地には古代から引き継がれてきた豊かな歴史がありますが、とくに近代のユダヤ人移住者たちにとって、**「Chutzpah《フッパ》」**という言葉が彼らのアイデンティティと深く結びついています。彼らはしばしば困難な状況に直面し、その中で生き抜くために大胆不敵で積極的な態度をとることが求められました。この経験が、「フッパ」という言葉をイスラエル人の心の中心に深く刻み込む要因となっています。

このヘブライ語の言葉は、ひと言で言えば「**大胆不敵**」や「**信じがたい厚かましさ**」といった意味合いを持っています。しかし、この言葉の背後には、イスラエルの文化、歴史、そして生活様式への深い理解が必要です。

イスラエルの日常生活やビジネスシーンで、「フツパ」はしばしば使用されるキーワードです。イスラエル人にとって、この言葉はただの形容詞ではありません。それは彼らの生き様、果敢さや勇気、挑戦的な態度を示すものであり、他者に向かって自らの意見や考えをしっかりと持つ姿勢を象徴しています。

地理的、歴史的背景から考えると、イスラエルは非常に複雑な状況にあります。周囲諸国との緊張関係や、数々の戦争と紛争の歴史は、日常生活においてもリスクと隣り合わせの生活を余儀なくされています。しかし、これが逆に、イスラエル人の中でフツパ精神を鍛え上げる一因となっているのです。

厳しい環境の中で生き抜くための創意工夫や、常に新しい解決策を追求するエネルギーが、この国の人々には備わっているのです。世界のほかの地域やカルチャーと比較すると、イスラエルのフツパ精神が持つ率直な態度や挑戦的な姿勢は、一部の文化からすると過度に自信過剰や失礼と受け取られることが確かにあります。

ビジネスの交渉や国際的な会議の場での率直すぎる意見交換は、文化の違いから驚きや摩擦を生むことも少なくありません。しかし、その一方で、このフツパ精神はイスラエルの世界的な技術革新やビジネスの成功の背景に欠かせない要素として存在しています。WazeやMobileyeといったイスラエル発の技術革新企業は、世界的な市場で成功をおさめており、その背後にフツパの影響が大きく寄与していることは間違いありません。

さらに、イスラエルの教育制度や家庭教育の中にも、このフツパ精神を子どもたちに植えつける要素が色濃く存在します。学校教育では、生徒たちが自分の意見や考えを自由に表現し、先生やほかの大人との対話を通じて、自立心と批判的思考を育てます。これにより、彼らは社会に出たときに、自分自身の意見を持ち、果敢に挑戦することができるようになります。

シン・ユダヤ人の教えでは、これらの「フツパ」精神を活かし、成功へと導く方法を具体的に紹介していきます。この国の文化と歴史を理解し、自分自身の中にフツパを取り入れることで、人生においてもビジネスにおいても、成功への道を切り開くことができるでしょう。

第2条

臆せず誰とでもつながる

イスラエルの人々の「知ることへの渇望」は、臆せず誰とでもつながる彼らならではのコミュニケーションスタイルをさらに際立たせています。細かいところを気にせず、悪びれることなく他者と接触していく。彼らは常に「なぜ?」と問い続け、「どうして?」と探究心を持って情報を追求します。5W1H(WHO、WHAT、WHEN、WHERE、WHY、HOW)は彼らの日常会話やビジネスコミュニケーションに根づいており、情報を手に入れることを何よりも重要視しています。「知らなければできない、だから知らなければいけない」という考え方が、行動の原動力となっているからです。そして、この開かれたコミュニケーションスタイルは、強固な結束力や協調的なチームワークを生み出す土壌となっています。

私たちが目撃する日常のひとコマ、例えば、カフェや公共の場所でイスラエル人同士の会話を耳にすることがあるでしょう。そこで感じるのは、彼らが本音でぶつかり合いながら、真剣に議論を交わす情熱です。時として、その議論はあたかも部屋に何人もの人々がいるかのような大きな声で繰り広げられることも。最初は少し驚くかもしれません。「これは喧嘩なのでは?」と思う瞬間もあるでしょう。しかし、実際には、笑い声が交じり合い、議論は活発に、進んでいくのです。

ビジネスの場面でも、この特徴がはっきりと見受けられます。ミーティングの最中に、プレゼンテーションを行っている人に対して割り込んで質問することは、イスラエルの会議文化の中では決して珍しいことではありません。そして、この質問の内容は、相手の考えや意見を徹底的に理解するためのもの。間髪入れずに質問攻めにするのは、相手に詰め寄るのではなく、より深い理解を求めるためなのです。

このようなコミュニケーションスタイルは、ほかの文化圏から見ると挑発的、時には無礼と感じられることもあるかもしれません。しかし、イスラエル人にとっては、これが真の意味でのコミュニケーション。ただ礼儀正しく言葉を交わすのではなく、相手の考えや意見、感情を真摯に受け止め、自らも同様に伝えることを大切にする姿勢から生まれています。

これは前条で触れた「フツパ精神」とも深く結びついています。フツパ精神とは、イスラエル人特有の大胆さや果敢さを指す言葉。この姿勢が、彼らの日常だけではなく、グローバルな舞台で成功に導く大きな要因となっていることは間違いありません。

イスラエルの人々は、今を最大限有効活用して次につなげる重要性を熟知しています。彼らにとって、1秒、1秒がゲームチェンジできる貴重な時間なのです。

チャンスを逃さない時間感覚、そして困難に立ち向かう強固な結束力は、世界中のどの国々とも競争できる強みとなっています。

結束力といっても、単に一緒に行動することだけではありません。それは、互いの考えや意見、感情を理解し、共有することから生まれるもの。イスラエル人たちは、この深い結束力を持って、さまざまな困難や挑戦に立ち向かってきました。これらの要素が融合し、イスラエル人は国境を越えて活動し、世界のさまざまな場所で成功をおさめることができるのです。彼らのコミュニケーションスタイルと価値観は、国際的なビジネスの場で求められる柔軟性と創造性を育んでおり、これが彼らを世界の舞台で活躍できる人材にしているのでしょう。

第3条

まずはやってみる!

多くの文化や社会において、失敗はネガティブなものとして捉えられがちです。それは避けるべきもの、あるいは恥とされる側面が強いかもしれません。成功主義の文化の中で、失敗することは非難されることが多く、その結果として多くの人々が新しい挑戦から遠ざかってしまっているのではないでしょうか。

しかし、イスラエルではこれとは異なる考えが根づいています。ここでは「**失敗を恐れて何もしないことがリスク**」という価値観が広がっています。

この言葉はイスラエルのスタートアップシーンでよく聞かれるものであり、この国特有のマインドセットを端的に示すものといえるでしょう。世界が目を向けるイスラエルのイノベーションの背後には、失敗を経験として受け入れる文化が深く根づいています。

イスラエルのスタートアップ界隈では、「まずはやってみる」がモットー。新しいアイデアや技術を思いついたら、即座に実行に移す。成功するか否かを気にする前に、とにかく試してみるのです。たとえそれが失敗に終わったとしても、その経験は無駄にはなりません。失敗は、次回の成功につながる糧として受け入れられるのです。

失敗に対する恐怖がないからこそ、常に新しいことに挑戦し続けられる。この絶え間ないチャレンジ精神が、イスラエルの技術革新や創業活動を加速させています。

もちろん、この「失敗を繰り返しながら成功への道を切り開く」というマインドセットは、単に「何をやってもめげない」という意味ではありません。イスラエルの起業家たちは、失敗をただの失敗として受け入れるのではなく、それを分析し、次回の再挑戦に活かすための知識として吸収します。そのプロセスの中で、新たなアイデアやアプローチが生まれるのです。

そして、この繰り返しの中で、実際に一握りの成功を手にする。その成功は、ゼロからの挑戦を通じて得られるもの。大胆なチャレンジを恐れず、失敗を糧にし続ける精神が、その基盤となっているのです。

前項目で触れた「フツパ精神」とは異なる側面で、ここにもイスラエル人特有の姿勢や価値観が見て取れます。フツパ精神は果敢さや大胆さを表すものであり、**「失敗を恐れない精神」は、経験や知識を積み重ねるための一環としての失敗の受け入れ方を示すものです。**両者は異なるアプローチであると同時に、それぞれがイスラエルのイノベーションの基盤を形成しています。

例えばイスラエルには数多くのインキュベーターとアクセラレーターが存在し、

スタートアップが必要とするさまざまなリソースを提供しています。これらのプログラムは、資金調達の機会から始まり、経験豊かなメンターや専門家によるガイダンス、そして貴重なネットワーキングにつながるチャンスまで、成功の道を歩むために不可欠なサポートを提供しています。とくに、グローバルな視野を持つこれらのプログラムは、イスラエルのスタートアップが国際市場へ容易に進出できるよう支援しており、その結果、イスラエルのイノベーションは世界中に広がっています。

イスラエルの教育システムもまた、国内の起業家精神とイノベーションを支える重要な役割を果たしています。このシステムは独立した思考と問題解決のスキルを重視しており、生徒たちに実践的な学習の機会を提供することで、彼らが将来起業家として成功するための土台を築いています。学校では、ビジネスプランの作成から実行に至るまで、実際の起業経験を積むことが奨励されており、この経験は学生たちにとって貴重な資産となっています。さらに、技術革新と研究開発を支えるために、政府や民間企業は教育機関と協力しており、これがイスラエルのイノベーションエコシステムをさらに強化しています。

これらの要素が融合することで、イスラエルは常に新しいことに挑戦し、イノベーションを推進する強固なエコシステムを構築しているのです。インキュベーターとアクセラレーターが提供するサポートと教育システムから得られるスキルと経験は、イスラエルを世界的なイノベーションの中心地として際立たせており、そこにはやはり〝失敗を恐れる〟という概念は存在しないのです。

失敗を恐れることなく、絶えず新しい挑戦を続ける。それが、イスラエルのイノベーションの鍵であり、同時にこの国の持つ独自の魅力ともいえるでしょう。

第4条

ユダヤ人のフィロソフィ「タルムード」

タルムード(Talmud)とは、ユダヤ人の生活哲学ともいえる教えを集めた重要な文書群であり、モーセが神から受けたとされる「口伝律法」をおさめています。これらの教えは、数千年にわたりユダヤ人のビジネスや日常生活に深く影響を与え続けています。タルムードは、人生に降りかかるさまざまな出来事について、子どもたちにも理解しやすいように語られ、これがユダヤ人の生涯にわたる生きるヒントとなっています。

タルムードでは、**「もっとも大切なのは学習ではなく実行である」**と教えられています。知識を学ぶことはもちろん重要なのですが、それを実生活に活かし、自ら行動に移すことがもっとも肝要であるとされています。この考え方は、誰かに師事し指導を受けることよりも、**自ら考え判断し、実行することの重要性を示しています。**これは、イスラエルのスタートアップ文化にも共通する精神であり、先を見据えて行動に移すことの大切さを教えています。

また、**「金《かね》は道具である」**という教えもタルムードには含まれています。金は使い方次第で価値を発揮する道具であり、人が道具に支配されてはならないとされています。だからこそ、資産価値のあるものに投資し、金をできるだけ多く持っておくことが重要だと説かれています。

ビジネスにおいても、タルムードの教えは生きています。ユーザーの未知のニーズを見つけ出し、先取りしてチャレンジしていく。また、そのスタートアップに先行して投資するセンスも大切であり、このような独自のビジネススタイルがＩＴといった新しい分野を生み出し、イノベーションを起こす原動力となっています。

ダイヤモンド市場での価格統制や流通システムの構築など、過去の成功事例を見ると、彼らがいかに独自のビジネススタイルを生み出し、市場を支配してきたかがわかります。これらの成功事例は、タルムードの教えがビジネスの世界においても生きていることを示しており、**知識を学び、それを実行に移し、金を道具としてうまく活用することの重要性を教えています。**

最終的に、タルムードはユダヤ人にとって単なる宗教書ではなく、人生を豊かに生きるための指南書であり、ビジネスの成功へと導く道しるべとなっています。その中で学ばれる教えは、何世代にもわたりユダヤ人の精神と行動に深く刻まれており、彼らの成功の秘訣となっているのです。

第5条

知識は生き抜くためのツール——知識は略奪されない

物質的な財産が失われても、知識と教育があれば再び成功を築くことができるという信念。ユダヤ人社会では、知識と教育への投資が非常に重視されており、これが彼らの生活のあらゆる側面に影響を与えています。彼らは、知識はただの情報やデータではなく、生き抜くためのツールであり、それを活用するか否かが次のステップを左右していくことを非常によく理解しています。この価値観は、ユダヤ人が世界中で成功をおさめてきた理由の一つといえるでしょう。

ユダヤ・クロニクルのアラン・アジズによると、**ノーベル賞受賞者の約22%がユダヤ人である一方で、彼らは世界人口の0・2%にも満たない**という驚くべき統計があります（2022年12月8日）。

彼らの知識への強い信念と教育への投資がいかに実を結んでいるかを示しています。ユダヤ人は、知識を手に入れることが、人生をより良く生き、誰よりも抜きん出るためのもっとも大切な要素であると信じています。彼らにとって、学歴や資格を得ることは目的ではなく、生活の中で知識を活かし、成功へと導くための手段なのです。

日本の文化と比較すると、ユダヤ人のこの知識への強い信念と教育への投資は、顕著な違いといえるでしょう。日本では、学歴や資格を非常に重視する傾向があり、これが社会進出や成功のための切符とされることが多いように見受けられます。しかし、ユダヤ人は学歴や資格を目的とせず、知識を活かし実行に移す力をもっとも重要視しています。

最終的な目標は何か、そしてその目標に到達するもっとも効果的な手段は何かを常に問い続ける。それが車であれ、電車であれ、場合によっては徒歩であったり、必要であれば自らロケットを組み立てることさえもいとわない。目標達成は絶対であり、そのプロセスは多岐にわたることを知っている。

この考え方は教育システムや社会構造にも影響を与えており、ユダヤ人は子どものころから自分で考え、質問し、知識を深めるスキルを培う環境に身を置いています。答えを暗記しテストで高得点を取り、レールに乗り続けることだけがゴールではありません。そのレールが明日にでも壊されてしまうかもしれないような状況下において、ユダヤ人の知識への強い信仰と教育への積極的な投資は、彼らが世界中のさまざまな分野で成功し、大きな影響力を持ち続けている理由の一つです。彼らは知識をもっとも価値ある資産とみなし、それを絶えず追求することで、どんな困難な状況にも対応し、成功をつかみ取る力を身につけています。

第6条

嫌われる勇気

多くの人々が嫌われることへの不安を内に秘めています。自分の言葉や行動が他者にどのように受け取られるのか、何を言ってよいのか、何を言うべきでないのか、混乱して方向性を見失ってしまうことも。その中で、他者の評価を恐れず自らの信念を貫く「嫌われる勇気」は、個人が自己を理解し、健全な人間関係を築く上で極めて重要な役割を果たします。

アドラー心理学をご存知でしょうか。これは人間関係の中で個人がいかに力を発揮し、自己成長を遂げるかに焦点を当てている心理学の一分野です。**「共同体感覚」**や**「自己決定性」**といった概念を含んでおり、個人が社会の中でいかにしてバランスを保ちながら生きるかを考察しています。アドラー心理学の創始者、アルフレッド・アドラー自身、非常にユニークなバックグラウンドを持っていました。彼はハンガリー系ユダヤ人の父とチェコスロバキア系ユダヤ人の母の間に生まれ、中流階級の家庭で育っています。

「嫌われる勇気」というフレーズは、アドラー心理学において非常に重要な位置を占めています。これは他者の評価を恐れずに自分自身の信念を貫く勇気を意味しており、自分自身を理解し、他者との健全な関係を築く上で不可欠です。この概念は、ユダヤ人の文化や教育とも密接に関係しており、個人が自己実現を果たすための重要な要素となっています。

この強固な信念と自己決定の力は、彼らのアイデンティティを形成し、自己成長と内面的な強さを育んでいます。これにより、彼らは他者と異なる意見を持ちながらも自らを尊重し、確固たる立場から意見を述べることができます。

また、この文化的背景は、困難な状況でも柔軟性を持ち、創造的な解決策を見出す能力を養っています。これはビジネスの世界でも非常に重要なスキルであり、異なる視点を持つことで革新的なアイデアや新しいビジネスチャンスを生み出す力となります。

ユダヤ人の文化とアドラー心理学の共通点は、個人の強さと自立を育むことにあります。これは人間として成熟し、社会に貢献する力を育てる重要な要素となっています。

ユダヤ人の教育において、「学び」は非常に重要な位置を占めています。これは単に知識を得ることだけでなく、自己理解と自己実現を促す手段として捉えられています。これはアドラー心理学が提唱する「共同体感覚」と「自己決定性」を発展させる上で欠かせない要素です。

結局のところ、「嫌われる勇気」は自己理解と他者との健全な関係を築く上で極めて重要です。これにより個人は自己実現を果たし、より満足のいく人生を送ることができます。ユダヤ人の文化やアドラー心理学は、この過程を理解し、実践するための貴重な指針を提供してくれているのです。

第7条

犠牲なくして成功なし——絵本『魔法のざくろ』から学ぶ

「犠牲なくして成功なし」という言葉は、人生で成功をおさめるためには何らかの犠牲が必要であるという真実を表しています。この言葉は絵本『魔法のざくろ』を通して、子どもたちにもわかりやすく教えることができます。この絵本は単なる物語ではなく、人生において重要な教訓を伝えるためのツールとして機能しています。

『魔法のざくろ』は、主人公が魔法の果物であるざくろを手に入れ、それを通して重要な人生の教訓を学ぶというストーリーです。主人公はざくろの力を使って望むものを手に入れることができますが、それには犠牲が伴います。彼は最終的に、犠牲を払うことで得られるものの価値を理解し、人生において本当に大切なものが何であるかを学びます。

この絵本は、犠牲と成功の関係性を子どもたちに教える貴重な資料とされており、同時に大人にとってもそれを思い出させてくれる重要なメッセージが含まれています。人生で成功をおさめるためには、時には何かを犠牲にしなければならないという事実を理解し、その上で賢い選択をすることが求められます。

しかし、「犠牲なくして成功なし」という言葉は、単に物質的な犠牲を意味するだけではありません。時には時間を投資したり、自己成長のために自分自身を乗り越える努力をすることも含まれます。成功への道は決して容易ではなく、努力と犠牲を要求されることが多々あります。

この教訓は、ユダヤ教の伝統やタルムードの教えとも深く関連しています。タルムードには人生を生きる上での知恵や指針が数多く記されており、犠牲を通して何を学び、どのように成長するかについての教えも含まれています。これらの教えは、ユダヤ人コミュニティにおいて世代を超えて受け継がれており、個人の成長と共同体の繁栄に貢献しています。

絵本『魔法のざくろ』は、これらの教えを具体的でわかりやすい形で伝える手段として機能しており、子どもたちだけでなく、大人にとっても有益な学びを提供しています。犠牲を通して得られる成功の価値を理解することは、人生を豊かに生きる上での重要なスキルとなります。

この絵本とタルムードの教えを通じて、私たちは人生の困難に立ち向かいながらも、犠牲を払うことで得られるものの価値を理解し、より良い選択をする力を育むことができます。犠牲なくして成功なし、このシンプルながら深い真実を理解し、実践することで、私たちは自己実現への道を歩むことができるのです。

第8条

レジリエンスはユダヤ人の悲しい歴史から作り出された

レジリエンスは、逆境や困難に直面した際に、それを乗り越え、さらにはその経験から学び成長する力を指します。この能力は心理学の分野で非常に重要視されており、個人が健康な精神状態を維持しながら成長していくうえで不可欠な要素とされています。例えば、『広辞苑』ではレジリエンスを「逆境やショックから回復する力。弾力性」と定義しており、これは個人が持っている内面的な強さを表しています。

ユダヤ人の歴史は逆境の連続でありながら、彼らはその度に回復し、さらに強くなってきました。これは、レジリエンスの顕著な例といえるでしょう。**過酷な状況の中でも希望を失わず、教育と知識の獲得に励み続けました。**これにより、彼らは不利な状況を乗り越え、独自の文化とアイデンティティを保ちながら世界中で成功をおさめることができたのです。

具体的な例として**キブツ**があげられるでしょう。イスラエルのキブツという共同体は、厳しい環境と歴史的背景の中で育まれ、その過程で強靭なレジリエンスが形成されました。キブツはもともと農業を基盤とした共同体であり、メンバーたちは土地を共有し、共同で働くという形式をとっています。このシステムは、彼らが直面した厳しい環境条件や資源の不足という課題に対応するために発展してきました。

イスラエルの地は、乾燥した気候と水資源の不足により農業には厳しい条件が多くあります。また、国の建国初期には周辺国との緊張関係や内部の政治的な不安定さがありました。こうした外部からのプレッシャーと厳しい自然環境の中で、キブツの人々は互いに協力し合い、共同で問題を解決してきました。

このような困難な状況の中で共同体を形成し、維持していく過程で、キブツのメンバーは強い絆と共同体意識を育んできました。彼らは危機的状況でも決してあきらめず、困難に立ち向かうレジリエンスを内面から育てていったのです。このレジリエンスが、キブツという独自の共同体を維持し続ける原動力となっています。

この背景を踏まえると、**キブツの存在自体がレジリエンスの力強い証といえます。**彼らは厳しい状況を乗り越え、共同体として成長し続ける力を内面から発揮してきたのです。これは、レジリエンスがいかに個人やコミュニティの成長と発展に寄与しているかを示す顕著な例といえます。

また、ただ困難にひたすら立ち向かう、というのはレジリエンスではありません。あくまで健康状態を維持することが第一目的。ですので、例えばイスラエル国防軍では兵士のメンタルヘルスが重視されており、トラウマやストレスに対処するためのサポート体制が整えられています。

ビジネスの世界でも、このレジリエンスは非常に重要です。市場の変動、競争の激化、経済の不安定さなど、数多くの困難に直面しながらも、レジリエンスを持つことで企業はこれらの挑戦を乗り越えることができます。とくに、ビジネスモデルを迅速に変革する**「ピボット（PIVOT）」**の概念が重要となります。このピボットによって、企業は変化する環境に適応し、新しい機会をつかみ取ることができるのです。例えば、新型コロナウイルスのパンデミック時、多くの企業が大きな打撃を受けましたが、レジリエンスを持ち、ピボットに成功した企業は危機を乗り越え、さらに成長することができました。

個人のレベルでも、日々の生活の中で数々の困難に直面しますが、レジリエンスを持つことで、困難を乗り越え、人生をより豊かで意義深いものにすることができます。逆境に直面した時、それを乗り越える力を持つこと、そして状況に応じて柔軟に方向転換（ピボット）すること。これこそが、ユダヤ人の歴史、キブツの経験から学ぶことができる重要なレッスンであり、私たち自身の生活やビジネスにおいても大切にすべき価値観なのです。

第9条

「次の一歩へ」——実践的ポジティブシンキング

第8条のレジリエンスの話に引き続き、ポジティブシンキングについて掘り下げてみましょう。これはポジティブといっても楽観主義のようにすべてがうまくいくという憶測とは異なり、どのような状況でも前向きに、成し遂げたいことを成し遂げようとする思考です。

ポジティブシンキングを持つ人々は、困難な状況に直面しても「なんとかなる」「誰かがやってくれる」と待つのではなく、常に冷静に評価し、解決策を探っていきます。彼らはすべてがうまくいくとは限らないと理解しているものの、やってみなくてはわからない、という非常にアクティブな考え方ができるのです。

例えば、重い病を患った人が、治療の過程で希望を失わず、病気と戦う姿勢を保ち続けることは、ポジティブシンキングの一例です。彼らは現実を直視しながらも、ポジティブな心持ちで治療に向き合い、時には医者も驚くほどの回復を遂げることがあります。

レジリエンスとポジティブシンキングは密接に関係しており、ポジティブシンキングはレジリエンスを支える重要な要素です。逆境に強い心、すなわちレジリエンスを持つためには、冷静な判断力と現実を受け入れる強さ、そしてそれでもなお前向きな姿勢を持ち続けることが必要です。

最終的に、ポジティブシンキングは単なる考え方ではなく、行動へと転換される実践的なものです。ユダヤ人は「これまでか」と諦めるのではなく、「さぁ、次の一手は何か？」と限りなく状況を評価し、アイデアを試行錯誤し続けることで、次へと進むための具体的な行動を休まずとっていきます。これによって、レジリエンスを内外に発揮し、困難を乗り越え、成功へと導く力を育むことができるのです。

第10条

「学び」は終わらない

第9条では、ユダヤ人コミュニティにおける行動の重要性に焦点を当てました。彼らはどんな困難な状況にも立ち向かい、前向きな姿勢で解決策を探し、行動に移す力を持っています。しかし、この行動力の背後には、もう一つ重要な要素が存在しています。それは**「学び続ける」**という姿勢です。

学び続けることは、人生を豊かにし、私たちを常に進化させる力を持っています。この概念はとくにユダヤ人の教育や文化に深く根ざしており、彼らの長い歴史を通じてその価値が何度も証明されています。

ユダヤ教において、教育の重要性は非常に高い位置を占めています。タルムードの学習はもちろん、科学、文学、芸術など幅広い分野での学びが奨励されています。このような教育への取り組みが、質問を投げかけ、疑問を抱き、そして独自の答えを見つけ出す力を育む基盤となっています。ユダヤ人は古代から現代にかけて数多くの哲学者、学者を輩出しており、彼らの思考法や解決策は今日でも多くの人々に影響を与えています。

学び続けるという価値観は、ユダヤ文化において一生を通じて重要視されています。**知識を深めることで自己実現ができ、同時にコミュニティ全体を向上させることができると信じられています。** この精神は、エルサレムのヘブライ大学や米国の多くの有名大学において、ユダヤ系学者によって引き継がれています。彼らは研究と学問において優れた成果をあげ、世界中の多くの学問分野に貢献しています。

さらに、ユダヤ人の中には、絶えず知識を追求し、独創的なアイデアを生み出し続けることで知られる人物も多くいます。彼らの中には、アルベルト・アインシュタインやジークムント・フロイトのように、世界を変えるような革新的な理論を提唱した人物も含まれています。これらの例は、知識を深めることがどれほど強力な独創性を生み出すかを示しています。

結局のところ、ユダヤ人の文化と教育の中には、学び続けることの重要性を示す多くの教訓が含まれています。これは私たち全員にとって学ぶべき重要なポイントであり、知識を深め、批判的思考を養い、絶えず進化し続けるためのガイドラインとなるでしょう。学び続けることで、私たちは新しいチャンスをつかむ力を持ち、より豊かな人生を送ることができるのです。

10カ条、いかがでしたでしょうか。

ユダヤ人の生き方や価値観に焦点を当て、彼らの持つ独自のレジリエンスやポジティブシンキング、教育への情熱といった側面を詳細に探求してきました。彼らの強靱な心、絶えず学び続ける姿勢、そして何よりも行動を起こす決断力は、どのような状況下でも前進し続ける力を提供しています。

さて、第1章を終え、第2章「イスラエルを知ると、世界が変わる」へと進むにあたって、ユダヤ人の価値観や哲学が具体的にどのように彼らの国、イスラエルの発展に影響を与えているのかを探ります。イスラエルは、ユダヤ人の開拓精神によって劇的に発展した国であり、国全体がスタートアップのようなエネルギーに満ちあふれています。

絶えず変化し、挑戦し続ける環境の中で、彼らは常にイノベーションを追求し、困難を乗り越えてきました。この驚異的な国・イスラエルを深く知ることで、世界をより広い視野で捉え、変革の可能性を探る旅を始めます。

第2章

イスラエルを知ると、世界が変わる

人間ができる
唯一の独創的な行為こそ、
間違えることなんだ。

ビリー・ジョエル／ミュージシャン

1 ユダヤ人の開拓精神によって発展したイスラエル

イスラエルの開拓精神に根ざした発展の物語は、その多様な歴史から始まります。古くから多くの民族がこの土地を支配し、それぞれ異なる文化と伝統を刻んできました。しかし、1948年5月14日、初代イスラエル首相ダヴィッド・ベングリオンによって独立が宣言されると、約70万人のユダヤ人がこの地を自分たちの祖先の土地とし、共同体を築いていったのです。

イスラエルの土地は、荒涼とした風景にその歴史を刻んできました。砂漠の国、水が貴重な宝とされる地で、空は広く澄み渡り、日差しは容赦なく照りつけます。乾燥した熱風が吹き抜ける昼間とは対照的に、夜は冷え込むこともしばしばで、天候の変化は激しいです。地平線は遠く広がり、時には砂塵が日の出や日没の風景を幻想的に彩ります。海水以外に自然資源が乏しいこの地で、ユダヤ人たちは農業を根づかせ、飲料水の供給システムを発展させました。**今日ではイスラエルの農業技術と水資源のリユース技術は世界一とされ、野菜、フルーツ、乳製品などの食料自給率も非常に高い水準にあります。**

この成功の背景には、**イスラエル人の強靭な開拓精神**があります。彼らは物質的な豊かさよりも、知識や教養、そして次世代を育てることに価値を見出してきました。国家維持・発展のためには、優れた若者たちが自らの時間と技術、人生を捧げることが不可欠であるというベングリオンの言葉は、現代においてもイスラエルの精神を形作っています。

現代のイスラエルでは、これらの価値観が起業家精神に結びつき、多くの若い起業家が大志を抱いて新たなビジネスを次々と立ち上げています。彼らは国内外で成功をおさめ、イスラエルを世界的なハイテク産業のリーダーへと押し上げました。とくに、**農業技術、水資源管理、ハイテク、サイバーセキュリティ**などの分野でイスラエルは世界をリードしています。

イスラエルのこのような驚異的な進化は、ただの偶然ではありません。それは過去の苦難を乗り越えてきたレジリエンスと、未来への確固たるビジョンを持つ国民性から生まれたものです。第1章で見てきたユダヤ人の生き方や価値観が、ここイスラエルという国全体のスタートアップ精神となって具現化されているのです。

第2章では、この小さな国がどのようにして世界のステージで輝きを放つまでになったのか、その秘密に迫ります。そして、イスラエルを知ることで、私たちの見る世界がどのように変わるのかを探求していきます。

2 国全体がスタートアップ

イスラエルは、国全体が「スタートアップ」という言葉にふさわしいほど、革新と起業家精神に満ちあふれた国です。人口約950万人という小規模ながら、その国土は起業家たちによって刻一刻と形を変えています。

イスラエルの経済成長とイノベーションの背後には、その国民一人ひとりの起業家精神があります。具体的な数字を見てみると、国の人口比におけるスタートアップ企業の数が世界でもっとも多く、イスラエルはその点でも世界をリードしています。イスラエル発のユニコーン企業は数を増やし続けており、これらの企業は技術革新と経済成長の主役となっています。ベンチャーキャピタルの投資も活発で、人口比ではアメリカを大幅に上回り、圧倒的な1位の座を占めています。

特筆すべきは、イスラエルのスタートアップが深く掘り下げた専門技術、いわゆる**ディープテック（Deep Tech）分野に集中している**ことです。

ディープテックとは、根本的な科学的発見や工学的革新に基づいた技術を指します。これは、表層的なアプリケーションやソフトウェアの改良ではなく、深い技術的な理解や高度な研究が必要とされる分野です。**具体的には、人工知能（AI）、ロボティクス、生物技術、量子コンピューティング、先進の素材科学など、新しい発明や発見が直接的な製品開発につながるエリアを含みます。**これらの技術は、しばしば業界を変革し、長期的な影響を与えることが特徴です。

イスラエルはこのディープテックの分野でとくに顕著な活動を見せており、そのスタートアップエコシステムは、新しい科学的理論や工学的アプローチを商業化することに注力しています。このような技術は多大な研究開発投資と時間を必要としますが、成功した場合のリターンは計り知れないものがあります。イスラエルの学術機関や研究所はこの種のイノベーションを生み出す土壌となっており、国全体が技術革新のフロンティアを推進しているのです。

イスラエルのスタートアップ企業たちは、国の地理的な小ささを逆手にとり、大胆かつ迅速なビジネスモデルの変革に積極的に取り組んでいます。彼らは市場の変化に敏感で、「ピボット」を戦略的な手段として利用しています。これにより、新たな市場のニーズに素早く対応し、状況に応じた柔軟な戦略転換を実現しています。

次のサブチャプターでは、このようなイスラエルのスタートアップ精神がどのような環境から生まれ、どのようにして維持されているのかに焦点を当て、イスラエルが世界に与える影響の深さを探ります。常に「生きるか死ぬか」の厳しい選択を迫られる環境の中で、イスラエルがどのようにしてイノベーションを起こし続けているのか、その秘密を解き明かしていくことで、私たちの見る世界の姿が変わるかもしれません。

3 死ぬか生きるかを常に求められる環境

2020年、新型コロナウイルスのパンデミックが世界を襲い、各国が未曽有の危機に直面しました。瞬く間に在宅命令や渡航禁止令が出るなどの対応に追われる中で、イスラエルはその困難を乗り越えるための革新的な対応でメディアに注目されました。独自のデジタルヘルスのインフラを駆使し、イスラエルは国民へのワクチン接種を迅速に実施。**全国民を網羅する健康データのデジタル化により、スピーディな医療対応とリアルタイムでの健康管理を可能にしました。さらにこの対応はワクチン接種だけにとどまらず、パンデミックによって引き起こされた多岐にわたる課題への革新的なアプローチも含まれていました。**

イスラエルのスタートアップは、パンデミックという逆境をビジネスチャンスに転換していったのです。公共の場で使用される空気清浄技術の急速な開発に着手し、ウイルスの空中滞在時間を短縮するためのソリューションを提供しました。また、頻繁に触れる表面に対する殺菌技術も開発され、日々の生活における安全を確保する取り組みがなされています。

この迅速かつ効果的な対応は、イスラエルのレジリエンスの真髄を示しています。これらのイノベーションは、パンデミックへの直接的な対処策として生まれたものですが、その影響は公衆衛生管理全般に波及するでしょう。イスラエルのスタートアップコミュニティによる実用的なイノベーションは、国際的な関心を集め、世界中の公衆衛生改善に対する新たなパラダイムを提示しました。

さらに、2020年3月の時点でイスラエルでは100社を超える「コロナテック」関連のスタートアップが稼働を開始。これらの企業の中には、創業から数カ月で株式市場にデビューし、成功をおさめた事例もあります。これらのダイナミックな動きは、イスラエルがいかに迅速に新しいビジネス環境に適応し、逆境を好機に変えるかを示すものです。

イスラエルのスタートアップエコシステムは、目の前の課題に立ち向かい、それをビジネスとして発展させる力に秀でています。先を見据え、柔軟にビジネスモデルを転換し、イノベーションを推進する「ピボット」の精神は、イスラエルをテクノロジーの先端国へと押し上げるエンジンとなっています。イスラエルがこれからも直面するであろう、さまざまなグローバルな課題への答えを見出すための強力な基盤を構築しているのです。

4 生き残るためのイノベーション資源は「知恵」

ユダヤ人の歴史は、彼らが「流浪の民」としての身分を受け入れながらも、その精神性と独自の文化を維持し続けてきたという点で特筆すべきです。長い歴史の中で、彼らは度重なる迫害と追放を経験し、国境を越えてさまざまな地に散らばって生きてきました。しかし、この苦境が彼らをより結束させ、持ち物が限られている中でも、**常に持ち運べる「知識（知恵）」と「教養」をもっとも重要な価値として尊重し育て上げてきました。**このような背景が、ユダヤ人が経済、科学、文化の各分野で重要な役割を果たす原動力となっています。

「流浪の民」としての生活は、変化に適応し、常に新しい環境や文化に自らを同化させる柔軟性と創造性をユダヤ人に与えました。彼らは、移動するたびに新たな知識を吸収し、さまざまな文化から影響を受けることで、自身の知的財産として蓄積してきました。それは、**ただの知識の蓄積にとどまらず、その知識を応用し、新しい状況や問題に対する独創的な解決策を見出す能力――「知恵」となって表れています。**

この知恵と教養の価値は、国を形成する根本的な要素です。教育システムは子どもたちに問題解決のスキルを教え、革新的な思考を促すよう設計されています。学術研究は常に世界の最前線を走り、文学や政治、芸術、エンターテインメントの分野でもユダヤ人はその才能を発揮しています。このように、彼らは自らの知恵と教養を最大の資産として、世界に新たなイノベーションをもたらしてきました。

国家としてのイスラエルもまた、この知恵への深い尊敬と投資を続けており、それが今日のイスラエルのイノベーションエコシステムの根幹をなしています。イスラエルは天然資源に恵まれない環境であったため、初代首相ダヴィッド・ベングリオンの**「人への投資」**の理念のもと、知識と創造性を国の発展の鍵としました。その結果、イスラエルは世界をリードするハイテク国家に成長し、その過程で生まれた多くの革新的なアイデアや製品は、世界中で利用されるようになりました。

とくに、水不足という問題はイスラエルにとって歴史的にも現在においても大きな挑戦です。イスラエルは、世界でも有数の乾燥地帯に位置し、必要な水資源のほとんどを輸入に頼っていました。これを解決するために、**イスラエルの研究者と企業家は滴灌（チッカン）という節水農法を開発しました。**この技術は、水を節約しながら農作物に必要な水分を直接根元に供給する方法で、水の使用効率を劇的に改善しました。また、海水淡水化技術では、イスラエルは世界をリードする国の一つとなり、塩水を飲料水や農業用水に変えることで、水資源の安定供給に大きく貢献しています。

これらの技術は、イスラエル国内での水不足解消にとどまらず、世界中の類似した環境問題を抱える国々にも広まりました。アフリカやアジアの途上国はもちろん、カリフォルニアやオーストラリアのような先進国の乾燥地帯でも、イスラエル発の節水技術が導入され、水不足というグローバルな問題に対する実用的な解決策となっています。

また、イスラエルはサイバーセキュリティや医療技術、クリーンテックなど、多岐にわたる分野で世界をリードするハイテク企業を育ててきました。これらの成果は、単にテクノロジーの進歩だけでなく、持続可能な社会を構築するための基礎となっています。

イスラエルのイノベーションの源泉は「知恵」と「教養」であり、これが生き残りと発展のためのもっとも強力な資源であるといえるでしょう。

5 世界中のユダヤ人を受け入れる、つまりダイバーシティ

イスラエルのダイバーシティは、その地が長い歴史を通じて多くの民族と文化の交差点であったことからきています。国家としてのイスラエルの成立は、世界中から集まったユダヤ人たちによって形作られました。彼らは自分たちのルーツを求め、また安全な避難場所を求めてこの地に流れ着きました。この多様な集団は、見た目だけでなく、文化的、言語的、そして専門的な背景も多種多様です。

イスラエル社会の構成は、**中・東欧のアシュケナージ系ユダヤ人と、スペインや北アフリカを起源とするセファルディ系ユダヤ人が大きな割合を占めています**が、それにとどまりません。エチオピアからのベータ・イスラエル、インドのベネ・イスラエル、中国のカイフェン・ユダヤ人など、世界中のユダヤ系コミュニティから

の移民が含まれています。これらの異なる背景を持つ人々が、各々の経験と専門知識をイスラエル社会にもたらし、経済、学術、文化の各分野に貢献しています。ダイバーシティは、イスラエルのイノベーションと創造性の重要な源泉です。異なる視点が交わることで、日々新しいアイデアや解決策が生まれます。

教育の分野では、ヘブライ大学やテクニオン・イスラエル工科大学などの名門校は、国際的な学生や研究者を惹きつける磁石の役割を果たしています。これらの高等教育機関では、さまざまな文化的背景を持つ学生たちがともに学び、研究することで、多様な視点を交えた独創的な研究プロジェクトが生まれています。例えば、テクニオンではアメリカ、ヨーロッパ、アジアからの学生が共同で新たな水資源技術の開発に取り組むプロジェクトを進行させています。これらのプロジェクトは、異なる文化的視点を融合させることで、従来の研究では見過ごされがちな新しいアプローチを生み出すことが期待されています。

では、都市文化はどうでしょう？　実は**テルアビブは国際的な美食のハブとして**

も非常に良く知られています。地中海沿岸のこの都市では、北アフリカの伝統料理、中東のスパイス、ヨーロッパの洗練された味わいなどが一つの皿の中で融合しています。テルアビブの市場では、新鮮な地元の食材を使ったイスラエル料理が楽しめるだけでなく、アジアやラテンアメリカからの移民が持ち込んだ料理も人気を博しており、ナイトライフを含む街のダイナミックな食文化を形成しています。

また、アートシーンも然りで、国際的なアーティストたちによるコラボレーションが盛んに行われています。イスラエルのギャラリーや美術館では、伝統的な工芸品から最先端のデジタルアートまで、幅広い作品が展示されています。例えば、テルアビブ現代美術館では、イスラエルのアーティストによる作品だけでなく、国際的な展覧会も頻繁に開催され、世界中からアート愛好家を集めています。

さらに、イスラエル政府の移民政策は、新たに国にやってくる人々が社会の一員として迅速に統合されるよう設計されています。移民たちは、言語教育、職業訓練、住宅支援といった総合的なプログラムを通じて、新しい環境に適応するための支援を受けることができます。このような政策は、新しいアイデアや異なる背景を持つ人々がイスラエル社会に新鮮な風をもたらし、経済や文化の発展に貢献する土壌を育てています。

イスラエルの多様性がもたらすイノベーションの力は、教育、食文化、芸術だけでなく、ハイテク産業においても明らかです。異なる文化的バックグラウンドを持つ人々が集まることで、さまざまなアイデアがぶつかり合い、新しい発想やソリューションが生まれる環境が整っているのです。この国のダイバーシティは、イスラエルをユニークなイノベーションの格好の場にしており、世界におけるその地位をさらに強固なものにしているのです。

6 イノベーションのエコシステム

毎年、約1000社ものスタートアップが誕生する国、イスラエル。それがイノベーションの国として世界に知られている数多くの理由の一つです。前項などで触れた文化や思想もさることながら、その背景には、強固なサポートシステムと他国とは一線を画すユニークなビジネス環境が存在します。

スタートアップの格好の場として世界的に認識されているこの国の成功は、まず、子どもたちが問題解決能力を育む教育体系から始まります。STEM（理工系）分野への早期からの取り組みと実践的学習の強化は、若い世代に創造力と革新への意欲を植えつけています。

例えば、幼い学生を対象とした「ヤングエンジニア」のようなプログラムでは、ロボティクスの基本やコンピュータスキルが遊び心を交えて教えられ、思考の拡張が図られますし、学校のカリキュラムの中で自身のビジネスアイデアを実現させるプロジェクトが設けられることも珍しくなく、これが将来の起業家精神に火をつけるケースも。

また、技術的な専門知識を軍隊が提供することも、この国の青少年が社会に出る際の強みとなっています。とくにIDFのエリート部隊で得られるリーダーシップや協働のスキルは、後に民間セクターでの成功へと直結します。この地で育った若者は、挑戦を避けず、新たな試みに積極的に取り組む姿勢を身につけます。このような風土が、多数の革新的企業を輩出する文化的背景となっています。

さらに政府レベルでもイノベーションと技術開発を国家戦略の中心に置き、税制優遇や研究開発（R&D）補助金、イノベーションセンターの設立などを通じてスタートアップを積極的に支援しています。イスラエル軍のエリート部隊から軍事技術やリーダーシップのノウハウを持った人材が民間に流れることで、技術革新に大きく貢献しているのです。

一方、プライベートセクターでは、リスクを恐れないベンチャーキャピタルが活発に資金を提供しています。イスラエルの投資家たちは、新しいアイデアや技術に対する高いリスク許容度を持ち、若い起業家たちに初期段階から資金を供給することで、スタートアップの成長を促進しています。これは、イスラエルが新興企業にとって世界でもっとも魅力的な国の一つである理由です。

教育機関の役割も重要で、イスラエルの大学や技術学校は、学際的な研究と創造性を重視しています。学生たちは、経営学、工学、コンピュータサイエンスなど多岐にわたる分野でイノベーションと起業家精神を学びます。これにより、学生は卒業後すぐに市場に新しい製品やサービスを提供する準備が整います。

他国と比較した場合、イスラエルのスタートアップエコシステムが際立っているのは、このような国家レベルでの統合的なアプローチと、文化的な背景にあります。イスラエルの人々は、年少時から困難に立ち向かい、問題を解決する方法を学ぶため、これがビジネスの世界でも大いに役立っています。また、多様な文化的な背景を持つことで、さまざまな視点から問題を見ることができ、これが革新的なソリューションを生み出す土壌になっています。

彼らがこれだけの成果をあげているのは、偶然ではありません。国全体がイノベーションを経済発展の鍵と捉え、独創的なアイデアが次々と生まれる環境を作り上げた結果です。今後もイスラエルは、多様性を活かしたスタートアップ文化を維持し続けることで、世界のハイテク産業において重要な役割を担っていくでしょう。

7 扉はいつでも開かれる

突然ですが、あなたがこれからイスラエルでビジネスミーティングに臨むとしましょう。会議室に入ると、その光景はおそらくあなたの予想を裏切るものかもしれません。部屋の片隅ではカジュアルな服装でリラックスした態度のCEOがスマートフォンを片手に談笑しており、もう一方では若手スタッフたちが最新のプロジェクトについて熱心に議論を交わしています。

テーブルの上にはカラフルなステッカーが貼られたノートパソコンなどが乱雑に置かれ、ウォータークーラーの近くでは国際的な背景を持つチームメンバーが最近の市場動向について意見を交換しています。服装もスタイルもバラバラ、誰もが自分の意見を自由に表現しているような環境です。こんなシーンを想像するだけで、イスラエルのビジネス環境がいかにオープンでダイナミックであるかが伝わってきませんか？

近代のイスラエル文化においては、階級や肩書きよりもアイデアと実力が最優先されます。このため、基本的なコミュニケーションのアプローチは、表面的な外見や形式に捉われることなく、本質的な対話と創造性が尊重されます。例えば、重要な会議においても、参加者はその日の気分や個人的なスタイルに合わせた服装を選ぶことが許されており、見た目よりも議論の内容が価値を持ちます。

日本でもイスラエルのようなカジュアルなビジネス環境を採用しているスタートアップや新興企業が増えてきてはいるようです。しかし、伝統的な日本企業や大手企業では、依然としてフォーマルなドレスコードが求められることが多く、ネクタイやスーツがビジネスパーソンのスタンダードな装いとなっています。このような企業文化では、形式や礼儀が非常に重要視され、そのために創造的なエネルギーや自由な意見交換が抑制されることも。そんな文化・価値観の違いがもたらした面白いエピソードがあります。

あるとき、イスラエル側の企業が、ビジネスの厳格な慣習に慣れていないながらも、日本のクライアントとの会議のためにスーツに身を包んだところ、日本人ビジネスパーソンが意表をついてリラックスしたスタイルで登場したことがありました。この意外な光景に、会議室は笑いに包まれました。イスラエル人が慣れないスーツに窮屈そうにしているのを見て、日本人ビジネスパーソンは「どうだ！」と言わんばかりの姿で現れたとか。互いに文化の違いを楽しみながら、相互の理解を深める貴重な瞬間となったのです。

世界的なトレンドとしてカジュアル化が進むなか、日本のビジネスシーンも徐々に変化しています。とくに若手起業家やテクノロジー企業を中心に、ラフな服装で臨むことで自己表現とアイデアの自由を重視する風潮が広がってきています。これは、日本でもイスラエルのようなオープンでダイナミックなビジネス環境がだんだんと根づきつつあることを示しています。

今後、日本のビジネス文化がイスラエルのようにカジュアルなスタイルをより受け入れ、その結果として創造性とイノベーションがさらに促進されるかどうかは、非常に興味深い動向です。日本がこの変化をどのように取り入れ、独自のビジネスエコシステムを築いていくのか、今後の展開が注目されます。

8 社交辞令は通じない

さて、そんなフランクなビジネス文化に加え、コロナ後のリモートワークの普及により、世界中の企業がオンラインでのミーティングに慣れてきた今、イスラエルのビジネスシーンではとくにその独特なコミュニケーションスタイルが際立っています。社交辞令を排し、**バラガン（混沌とした）精神に基づいた直接的な意見交換**が激しい議論の火を灯し続けています。この精神は、イスラエルのビジネスの効率性と創造性を高める重要な要素となっており、結果として数々の革新的なアイデアや技術が生まれる土壌を作り出しています。

彼らが理想とするミーティングとは、アイデアが即座に表面化し、吟味されることで、無駄な作業を避けることです。例えば、建築のプロジェクトに置き換えて想像してみてください。さまざまな視点からリスクやイシューを見極めなければいけない設計図が、遠慮や待つという礼儀を重んじたために最終段階に達してしまったとしましょう。ここでもし問題が浮上してしまうと、やり直しが必要になります。また、ユーザーがいるプロジェクトの場合、実践・設置後にインシデントが起こると責任問題につながります。

そのため、アイデアの設計中に思いつく疑問を各人（専門家であるか否かは問わず）が自分の視点から意見を述べることで、構造的な課題やデザインの問題点を早期に特定し、修正することを目指すのです。このようなプロセスは、作品を最後まで作り上げてから問題を発見し、やり直すという無駄を大幅に削減しますし、チームの一体感と共同責任の感覚を促進します。**全員がプロセスに関与し、貢献することが期待されるため、よりエンゲージメントが高まり、プロジェクトへのコミットメントが強化されます。**さらに、異なる意見が衝突することは、議論を深め、より洗練されたアイデアへと磨き上げる効果があります。

イスラエルのミーティングでは、ほかの人が話をしている最中でも自分の意見を積極的に発言するのが一般的です。このような場面に日本人が参加すると、最初は驚くかもしれませんが、実はこの積極性が強い結束力と深い洞察、そして確固たる結果を生む原動力になっています。また、会議が終わりに近づくと、「何か質問は？」という問いかけに対してしばらく沈黙が続くかもしれませんが、実はそれぞれが考えを巡らせていて、ややあってから重要な質問を投げかけることがしばしばです。

さらに、イスラエルでは、日本でよく使われる「検討します」「持ち帰ります」という返事に対しても、彼らは具体性を求めます。

「何を検討するの？」
「いつまでに結論を出すの？」
「我々に疑問があるのなら、今ここで答えますよ」

そう迫ることで、曖昧な返事を避け、具体的な次のアクションにつなげようとします。彼らにとっては、**この問い詰めるスタイルが真剣な議論を促し、実際に物事を前に進めるための手法なのです。**

このようなイスラエル特有のコミュニケーションの特徴は、社交辞令を超えた本質的なコミュニケーションを大切にしていることを示しています。彼らは表面的な言葉に惑わされず、真意を探り、具体的な結果を求めるのです。このアプローチは、彼らが世界的なイノベーションを生み出し続ける理由の一つであり、多くの国際ビジネスシーンで彼らが成功している要因といえるでしょう。

9 イスラエルでも人気の日本食

にぎやかなミーティングが終わったあとは、腹ごしらえをしましょう！　地中海の岸辺に立ち、潮風を感じながら地元の魚介を味わう。一方で、ナゲブ砂漠のオアシスでは、日の入りを背に伝統的なベドウィン料理を楽しむ。イスラエルの食卓は、移民たちが持ち込んだ各国の料理法と地元の食材が交わることで、独自の料理スタイルを開発し、その結果としてバラエティに富んだ味覚体験が可能になっています。

とくに注目すべきは、イスラエルでの日本食の人気です。小さな国ながら、約500店舗もの日本食レストランが存在し、イスラエルの人々に親しまれています。これらのレストランは、伝統的な日本食に独自の創造力を加えており、多くの場合非常に美味しいと評判です。しかし、日本食のエッセンスを取り入れながらも、独自の解釈を加えたメニューが登場することもあり、「なんちゃって日本食」と感じることもあるかもしれません。

イスラエルワインは、日本ではまだあまり知られていないかもしれませんが、5000年以上の歴史を持ち、現在300以上のブティック・ワイナリーで醸造されています。2000年代後半にワイン評論家ロバート・パーカーによって高評価を受けて以来、世界的に認知されるようになりました。イスラエルではブドウ畑のマッピングなど、ここでもテクノロジーを駆使した革新的なワイン造りが行われており、その品質は国際的にも高く評価されています。

もっとも興味深いのは、フードテックの進化です。テック大国として知られるイスラエルは、食文化においてもその技術力を発揮しています。例えば、**植物性の代替卵を開発したYo Egg社は、見た目も味も本物の卵と見間違うほどの代替品を提供し、食のサステナビリティへの貢献として注目を集めています。**

「フードテック」で紹介されているとおり、イスラエルのフードテック産業は、AIやIoT技術を取り入れ、食の安全性を確保しながら食糧危機への対策を進め、フードロスを防ぐなど、次世代の食文化を牽引しています。2022年、イスラエルで開催されたフードテックフェスティバルでは、世界中から集まった起業家や投資家によって多くの革新が披露されました。この動きは、イスラエルが食の未来において重要な役割を果たしていくことを示唆しています。

さらにイスラエルのナイトライフは、食文化の多様性と同じくらい魅力的です。夜が訪れると、テルアビブの街は変貌し、活気あるバーやクラブが次々とその扉を開きます。イスラエル人は日が沈むと、仕事のストレスを忘れて食事や踊り、交流を楽しむことで知られています。

例えば、テルアビブのロスチャイルド大通りでは、モダンなカクテルバーが立ち並び、地元の若者や国際的な旅行者でにぎわいます。ここではバーテンダーが独創的なカクテルを振る舞い、ゲストに楽しい夜を提供します。また、隠れ家的なジャズバーでは、生演奏が深夜まで続き、音楽とともにリラックスした時間を過ごすことができます。

イスラエルのナイトライフは、単に夜を楽しむだけでなく、新しい出会いやビジネスチャンスが生まれる場所でもあります。夜の社交シーンは、異なる文化やアイデアが交差し、創造性を刺激する重要なプラットフォームとなっています。食事や飲み物を通じて行われるカジュアルな会話から、しばしば意外なビジネスのアイデアやコラボレーションが生まれるのです。

さらに、イスラエルのナイトライフは、フードテックの進化とも密接に関連しています。テルアビブのレストランやバーでは、サステナビリティに配慮したメニューやオーガニック食材を使用した料理が人気を集めており、夜な夜な環境に優しい食文化が育まれています。イスラエルの夜は、ただ遊ぶだけでなく、未来への投資ともいえるのです。

このように、イスラエルの食文化とナイトライフは、国のダイナミックな社会の一面を表しており、夜ごとに新しいトレンドが生まれる様子は、イスラエルがいかに革新的で活力に満ちた国であるかを物語っています。

10 意外と知られていないイスラエル・トレンド

イスラエルは、その古代から続く歴史や地政学的な複雑さによって多くの場合、厳しい環境と闘う国としてのイメージが強いかもしれません。一般的にイスラエルというと、何が知られているの？　何が有名なの？　と聞かれることも多々あります。

しかし、この国に足を踏み入れれば、そうした先入観を打ち破るようなトレンドやスポットがあふれていることに気づかされます。

イスラエルの首都テルアビブは、先述の通り洗練されたバーやレストラン、デザインと機能性を兼ね備えたブティックホテルで知られており、地中海の青い水辺と白い砂浜の対比が美しい避暑地としての顔も持っています。ここでは、世界中から観光客だけでなく、地元の人々も楽しむヴィブラントな社交の場が形成されています。

実はコスメ業界でもイスラエルは注目されており、**サボン（SABON）**や**ラリン（LALINE）**のような国際的に有名なブランドがこの地から生まれ、イスラエルの自然由来の成分を活かした製品で知られ、世界中で愛されています。

さらに、テルアビブは「テルアビブの白い都市」としてユネスコの世界遺産にも登録されており、**バウハウス様式の建築物が街並みを彩っています。**こうした建築物は、かつてのユダヤ人難民が彼らの文化とともに持ち込んだもので、現代テルアビブのアイデンティティの一部となっています。

食文化の面でも**エヤル・シャニ**のような才能あふれるシェフが、伝統的なイスラエル料理を現代的な感性で再解釈し、国際的な評価を受けています。エヤル・シャニの料理の才能は、イスラエルの国境を越えて世界中で称賛されています。彼のレストラン**「サロン(SALON)」**は、彼の創造的な料理と独自のスタイルが国際的な食通たちを惹きつけ、テルアビブのみならず、ニューヨーク、ロンドン、パリ、マドリッドなど、世界各地に支店を持つグローバルチェーンとして拡大しています。各地で提供されるメニューは、イスラエルの伝統を踏襲しつつも、その土地の食文化を取り入れたグローバルな味わいを提供しており、各地の地元の食材を使った新鮮かつ革新的な料理で、世界の食シーンに新たな息吹をもたらしています。

とくにパリの店舗では、フレンチキュイジーヌの精緻さとイスラエル料理の大胆さが組み合わさり、食の芸術作品のような料理を創出しており、ミシュランの星を獲得するなど、高い評価を受けています。ロンドンでは、イギリスの伝統的な食材に中東のスパイスを効かせたメニューが人気を博し、イスラエルのモダンな料理が地元文化に溶け込む新しい食のトレンドを築き上げています。

エヤル・シャニは、料理を通じて異なる文化の架け橋となることに情熱を注ぎ、彼のレストランは食文化の交流の場としても機能しています。彼が選び抜いた日本酒のコレクションは、日本とイスラエルのつながりを称え、遠く離れた異文化間の理解と尊敬の象徴となっています。エヤル・シャニの活動は、イスラエルの料理が単なる地域の特色にとどまらず、世界の多様な文化と融合し、国際的な料理界に新たな風を吹き込んでいることを証明しています。

イスラエル発のトレンドやスポットが世界中で注目を集める今、エヤル・シャニのようなイノベーターたちは、異なる文化の架け橋となり、国境を越えた美食の交流を促進しています。彼らの活動は、世界中の人々にとっても新しい発見と魅力的な体験の源となり、イスラエルの豊かな文化的遺産と現代的な創造力が融合した、まだ見ぬ世界を紡ぎ出しています。エヤル・シャニと彼の同胞たちが次に何を生み出すのか、私たちは期待に胸を膨らませています。

国家としてのイスラエルは、その絶え間ない進化と変革によって、一企業のようなダイナミズムを内包しています。リスクを恐れず、常に変わりゆく市場のニーズに応え、新しい技術やビジネスモデルの確立に挑む姿勢は、砂漠に咲く奇跡の花のような存在です。

イスラエルの多様性は、さまざまな文化的背景を持つ住民がそれぞれの知識と経験を持ち寄り、互いに影響を与え合いながらイノベーションの炎を燃やし続ける土壌となっています。また、オープンマインドな文化は、階級や形式にとらわれることなく、各人の真の能力と創造性が発揮される環境を生み出しています。

食文化からファッション、テクノロジーに至るまで、イスラエルは自国の豊かな遺産を活かし、それを世界に向けて発信することで、国際的なブランドとしての地位を築き上げています。イスラエル発のトレンドは、その新鮮さと独自性で世界中から注目を集めています。

イスラエルの物語は、単に生き残りを図るための戦いではなく、繁栄と創造性に満ちた社会を築くための模範を示しています。イスラエルを知ることは、世界観を広げ、新しいインスピレーションを得るための一歩となるのです。

第3章

交差する運命：シイラとマミコの物語

僕たちが
備えることのできる
最高の資質は好奇心、
周囲の世界への
心からの興味だ、と
僕は強く信じている。

スティーヴン・スピルバーグ／映画監督

イスラエルという国は、しばしば複雑な政治的・歴史的背景や先進的な技術イノベーションによって言及される。しかし、その背後にあるのは、日々この地で生活し、夢を追い続ける人々のリアルなストーリーである。こうした個々の経験や想いは、しばしばニュースやデータでは伝わりにくいもの。ここでは、イスラエルという国を深く理解するために、そこに住む人々、またその国にかかわる人々の生の声を聞くことが不可欠であるという視点に立つ。その土地に息づく文化、人々の考え方、日常生活の中で生まれる小さな発見や感動。これらは、イスラエルをより深く理解するための鍵となるだろう。

この章では、共著者であるシイラ（和田詩雷）とマミコ（三方眞己子）、2人の女性の個人的なストーリーを通じて、イスラエルという国とどのようにかかわり、どのような経験を積んできたのかを明らかにしていく。それぞれがイスラエルとどのように出会い、どのような影響を受けたのか。そして、なぜ私たちがこの本をともに執筆することになったのか。

シイラの背景、マミコの背景、そして2人が一緒になって取り組むチャレンジとは何なのか。この物語は、単なる個人的な旅ではなく、イスラエルという国の多面的な魅力を掘り下げ、さらなる理解を深めるための一歩としていきたい。

1 シイラの幼少期——異文化の交差点で育つ

シイラの物語は、1970年代、異文化が交わる時代の日本とイスラエルから始まった。日本は高度経済成長の真っただ中にあり、イノベーションと伝統が共存する独特の文化を形成していた。一方、イスラエルは建国からまだ幼い国家で、周囲の国々との複雑な関係に直面しながらも、教育と科学への投資によって新しい可能性を模索している途中だった。

この時代の日本に、マーシャルアーツを学ぶ若きイスラエル人、シイラの父が訪れる。彼は日本の深い文化的ルーツに魅了され、その地でシイラの母と運命的な出会いを果たした。2人の間の愛は、異文化間の理解と尊重を基に芽生えたものの、やがてその結婚は文化的な葛藤を生み離婚へと進んでいくこととなる。

離婚後、母とともに札幌へ戻ったシイラは、新たな文化に適応しようと試みたが、言語の壁や文化の違いに直面し、自己のアイデンティティを見つける旅が始まった。日本の教育システムに身を置きつつも、内心では常に2つの文化の間で揺れ動いていく日々を送る。

そして6歳の時、シイラの生活に再び変化が訪れた。アメリカ・ロサンゼルスで空手道場を開いていた父が、マーシャルアーツをさらに極めるために来日。この時、父は日本での時間をシイラとともに過ごしたいと考え、彼女と母は父のいる東京に近い埼玉県へと移り住む。そして母はオーガニック食品を扱う会社で働き始め、その縁から自然栽培や放し飼いの鶏を育てているお寺に移り住んだ。9歳から13歳までの、埼玉の生活は、シイラにとって大自然とともに生きる貴重な経験となり、彼女は農業を手伝いながら、自然環境の中で成長していく。

この時期は、彼女が自然環境の中で育ち、日本の文化にさらに深く触れる機会となり、その経験を通じて彼女の人生観と価値観に大きな影響を与え、後の人生の選択に重要な役割を果たす。

シイラの幼少期は、異なる文化の間で成長した彼女に、世界を多角的に見る能力と変化に対応する柔軟性を身につけさせた。また、この時期の経験は、後に彼女が直面するさまざまな挑戦に立ち向かうための精神的な強さを育むことにもつながった。シイラの幼少期は、異文化の交差点に立つ一人の少女の物語の始まりであり、その多様性が彼女の個性と強さの源泉となるのだった。

2 マミコの幼少期——芸術に囲まれた環境での成長

マミコの物語は、1960年代の日本で始まる。当時は伝統と現代文化の間で揺れ動く時代。この時代背景の中で、彼女の祖父は新劇演出家として活動し、両親も舞踊家として芸術界に身を置いていた。新劇運動は、伝統的な歌舞伎とは異なる、よりリアルな日本社会の変化を象徴するような革新的な表現を反映した演劇スタイルを目指していた。マミコはこの芸術一家の中で育ち、家は常に多様なアーティストたちが集まる場所だった。幼少期は創造性と情熱、時には激論が交錯する環境に彩られていた。

このユニークな家庭環境は、マミコの感性と創造力の育成に大きな影響を与えた。幼いころ、祖父が立ち上げた劇団の公演に頻繁に連れて行かれ、舞台裏で見る絵の具が水に溶けて色が変わる様子や、リハーサル時の大劇場の薄暗い座席での遊びは特別な思い出だった。祖父はマミコにクラシック音楽のレコードや世界の美術集を与え、幼稚園に上がる頃から彼女を美術館や映画館に連れて行った。とくに、祖父が招待された映画『モスラ対ゴジラ』のオープニングは、マミコにとって忘れられない体験となった。その映画で感じた恐怖と、映画館を出る際の祖父の困った様子は今も彼女の記憶に鮮明に残っている。

しかし、こうした特殊な環境下で育ったマミコは、なかなか周囲に溶け込むことができず、協調性の欠如を指摘されることもあった。しかし、この経験は後に彼女の独創的なキャリアパスを形成する大事な要素となった。学校での学びよりも、外にある美しいもの、魅力的なものを追い求めることに、何よりの情熱を感じていた。マミコの幼少期は、一風変わった環境での育ちが、彼女の人生の方向性を決定づける基盤となったのだ。

3 シイラの若年期——イスラエルと日本の狭間で

シイラの若年期は、埼玉県の自然豊かな環境での平穏な生活から、人生を大きく変える決断へと進む時期となった。彼女はカナダ人と日本人のハーフである親しい友人との出会いを通じて、国際的な視野を広げ、異国への憧れを強く抱くようになる。その友人がカナダに移住することになり、シイラは深い寂しさとともに、自分も海外での生活を夢見るようになった。同時に母親に対して、日本での生活を続ければ後悔すると感じ、カナダへの移住を強く望んだ。この時、シイラは自身の内に秘めた冒険心と変化への渇望を訴え、人生の新たな扉を開く一歩を踏み出す決意を固めたのである。しかし、ビザ取得や言語の壁など、移住にはさまざまな困難が伴う。思い悩んだそんな時、彼女の父から「イスラエルではダメか?」という提案があり、シイラは海外での新生活への扉として、生まれ故郷であるイスラエルへの移住を決断した。

それは彼女にとって新たな挑戦の始まりだった。ヘブライ語も英語も話せない状態で、1990年代のイスラエルに足を踏み入れた。だが、不安を抱えていた折、当時ソビエト連邦の崩壊に伴い多くのロシア系移民がイスラエルに移住しており、外国語話者向けの特別プログラムが充実していることを知る。シイラはこれらのプログラムに参加し、短期間でヘブライ語を習得し、新しい文化に溶け込むことに成功したのである。

何があっても学び続ける。そんな覚悟が彼女の中にはすでに強く根づいていたのだろう。高校を卒業後、シイラは*イスラエルの兵役に就くこととなり、そこで彼女は国の最先端の技術部隊、8200部隊に選ばれた。この部隊は、イスラエルの0・01%の頭脳集団が集められる場所であり、彼女はそこでの経験を通じて、貴重な人脈と知識を深め、後のキャリアの基盤を築いていった。

その過程でイスラエルのスタートアップ文化に触れ、シイラは起業家精神とイノベーションへの理解を深める機会を得る。彼女はイスラエル政府が積極的に支援する環境の中で、多くのスタートアップが誕生し、発展する様子を目の当たりにする。この経験は、自らのキャリアを形成し、世界のビジネスシーンに飛び込むための重要な基盤となった。

いろいろな狭間で揺れ動く幼少期の殻を破り、イスラエルのような多様な文化の中で成長し、さまざまな経験を通して、シイラは自身のアイデンティティを形成し、将来に向けての確固たる基盤を築いていったのである。

イスラエルの兵役について

イスラエルの兵役制度は、国の文化と社会に深く根ざした特徴的な存在だ。18歳になると、男女を問わずほとんどのイスラエルの若者が兵役に就く。男性はおよそ2年8カ月から3年、女性は2年間の服務が一般的。ただし、宗教的、文化的理由や健康上の問題で免除される場合もある。

この兵役は、単に国の安全を守る以上の役割を果たしている。若者たちは兵役を通じて、リーダーシップ、チームワーク、責任感などの重要なスキルと価値観を身につける。異なる文化や背景を持つ若者が一堂に会し、共通の目的のために協力することは、彼らの社会的結束力を強化し、イスラエル国民としてのアイデンティティを形成する助けとなるのである。

4 マミコの若年期――芸術と独立の道

さて、マミコの人生においても海外での体験が彼女の視野を大きく広げる転機となった。映像制作会社でのキャリアを経て、結婚、出産、そして離婚を経験した後、彼女はフリーランスとしてさまざまな仕事に従事。その過程でデザイン会社を設立し、1998年には娘の教育と自身のキャリアのため、アメリカへと渡った。ニューヨークでの新しい生活は、トランク2つとドラえもんの目覚まし時計、そして娘との二人三脚のスタートだった。

当時借りていたアッパーウエストのアパートやその周辺地域はユダヤコミュニティが多く、ファミリー意識が強い特徴を持っており、まるで下町のような懐かしさと温かみを感じさせるものだった。

シングルマザーとして、まったく新しい環境に飛び込んだマミコと娘にとって、ユダヤ系の人々は大きな助けとなった。アメリカでの生活は日本とはまったく異なり、言葉を発しないと理解されない、自分から助けを求めなければ支援は得られないという、直接的で自己主張が必要な文化。とくにニューヨークは、「言ったもの勝ち」の精神が根強く、勝ち負け、成功か不成功か、が常に問われる競争の激しい街だった。

このような環境の中で、海外で生きる経験がなかったマミコは、挑戦と成長の連続を経験しながら言葉をねじ伏せる力強さと、自分の意見を主張する勇気を身につけながら、日々の生活を切り開いていった。

マミコはニューヨークで自分の強さと独立性を発見しながら、ユダヤコミュニティとの深いつながりを通じてその文化への興味を抱き始めた。

とくにクラシック音楽好きのマミコにとって、イツァーク・パールマンとの出会いは、ユダヤコミュニティの深遠さを理解する重要な経験となった。パールマンは、イスラエル生まれの世界的なバイオリニスト。アメリカ＝イスラエル文化財団の奨学生としてアメリカへ渡り、その才能を世界に知らしめた。彼とその妻トビーが設立した「パールマン・ミュージック・プログラム」は、後進の育成に尽力しており、彼の友人であるスティーブン・スピルバーグもしばしばプログラムを訪れていた。

このような世界的なユダヤ系アーティストや投資家との交流は、マミコにとって目からウロコの体験だった。彼らが多くの可能性を秘めた人々を支え、世界的な成功をおさめているコミュニティの一員であることに、マミコは強い印象を受けた。

そして初めて、イスラエルを訪れる機会がもたらされた。当時のイスラエルは、昭和の雰囲気を色濃く残しつつも、爆弾テロの緊張感が漂う一方で、不思議と活気に満ちた魅力的な国だった。キブツでの暮らしや地元で作られた美味しい乳製品とフルーツに感動した彼女は、この国の多面性に触れる貴重な体験をした。

ニューヨークでの生活がなければ、このようなグローバルな視点を持つことも、イスラエルという国と深くかかわることもなかっただろう。世界中に広がるユダヤコミュニティとのつながりは、マミコにとって新たな可能性の扉を開いたのだ。

5 シイラとマミコの交差点——異なる背景から同じ道へ

さて、シイラのキャリアは、イスラエルでの兵役を経て多様な経験を積み重ねて形成されていった。兵役後、大学時代には日本語のスキルを活かし、ダイヤモンド取引を行う企業で日本向けのECサイトの立ち上げに携わる。この経験は、彼女にビジネスの基本となる国際的なコミュニケーションスキルを養う機会を与える結果となった。

大学卒業後、シイラは司法試験に合格し、弁護士資格を取得。その後、FX企業の日本市場担当として活躍し、さらにはナフタリ・ベネットが創業したソフトウェア会社「Cyota」の日本市場立ち上げにも参加。また、法律事務所でのジャパンデスク担当を務め、イスラエル・日本商工会議所の会頭である弁護士とともに、日本の政財界の要人との交流も深めた。

このようにして、シイラはイスラエルのエコシステムとインタラクティブに深く精通。元々は軍事産業に特化したイスラエルの産業が民間分野へとシフトし、一般企業向けの製品へと変化していく過程を目の当たりにしてきたのである。そしてテック系スタートアップがハードウェアからソフトウェアへと製品開発を進化させていく中で、シリコンバレーのスタートアップに対する投資価値が高騰していく様子も見てきた。

そして彼女は、日本とイスラエル間でのR&Dを活発化させることにより、日本の技術革新に新たな息吹をもたらせるのではと考え始める。イスラエルの技術をシェアし、独自のオリジナリティを取り戻すことが、日本の世界での戦い方を変える鍵だと信じたのだ。シイラにとって、何もない中から創造し、新しい発想を膨らませることは、何よりイスラエルで学んだ重要な教訓だった。彼女は「なければ作ればいい」という考え方を大切にし、それが彼女のキャリアの根底にある哲学となっている。

イスラエルという多様性に富んだ環境の中で育った彼女は、異なる文化の中での学びと経験を通して、自らのアイデンティティを築き、さらにはもう一つの故郷である日本との架け橋をつなげるべく、国際ビジネスシーンにおける重要なキャリアを積んでいった。

マミコもまた彼女なりの道筋を辿っていた。シイラとは異なる環境、文化で生まれ育った彼女だが、ニューヨークでの豊かな体験とユダヤコミュニティとの出会いを経て、グローバルな活動へと加速していた。イスラエルと日本の間で積極的に活動する中で、マミコはイスラエルのユダヤコミュニティの強みを肌で感じ取った。スタートアップ文化が根づくイスラエルでは、国内外からのサポートとユダヤネットワークの力が組み合わさり、常に革新的なイノベーションを生み出すエコシステムが形成されている。

とくにイスラエルのテック系スタートアップの動向に深い関心を寄せながら国際的な視野を広げていく。コーポレートブランディングの専門家としてのキャリアと並行して、イスラエルと日本の企業間での架け橋としての役割を果たすスタートアップ・コンサルティング業務にも力を注ぐほか、大手コンサルティング会社からイスラエル関連のセミナー企画やプランニングの依頼を受けるなど、イスラエルとの関係をさらに深め、多くの機会を創出してきた。

人口あたりのベンチャー企業数で世界第1位にランクされ、小国ながらもスタートアップネーションとしての地位を築くイスラエルの歴史文化を独自に研究しながら、グローバル産業に与える影響力、その魅力についてシェアし続けている。

マミコのこの時期のキャリアは、国際的なビジネスシーンで活躍する女性としての道筋をさらに確固たるものにした。イスラエルという国のダイナミズムとイノベーションの中心での体験は、彼女の専門知識を深め、新たなビジネス機会を探求する推進力となっている。

6 イスラエルと日本、遠くて近い関係性の中で

シイラとマミコが出会ったのは、まるで運命のようなタイミングで、異なる文化背景と経験を持ちながらも、ともに成長し、世界に影響を与える女性たちの力強い姿を示す旅の始まりだった。それぞれがイスラエル、そして日本との深いつながりを持ち、女性起業家としての道を歩んでいた彼女たちは、共通のビジョンを共有し、その強い絆を築き上げてきた。

シイラの物語は、1970年代、異文化が交わる時代の日本とイスラエルから始まり、彼女自身が2つの文化の間で自己のアイデンティティを探求する過程を経てきた。一方、マミコは1960年代の日本で芸術一家に生まれ、ニューヨークでの生活を通じてグローバルなユダヤコミュニティとのつながりを深め、イスラエルと

の関係を築いてきた。彼女たちはそれぞれ独自の道を歩んできたものの、共通の目標に向かって進むことで、新たな可能性を見いだしたのである。

シイラが日本とイスラエルの女性起業家を応援するために立ち上げた非営利団体「ＮＥＷＩＪ」は、この目標を体現する一例だ。２０２２年には、日本・イスラエル国交70周年を記念し、イスラエルフードテックフェスティバル内にジャパン・パビリオンを設け、イベントを開催。このイベントは、両国間の文化的、経済的な交流を促進するとともに、イスラエルと日本の女性起業家たちが互いに学び合い、ともに成長する場を提供した。

そしてマミコは、イスラエルのテック系スタートアップと日本企業との架け橋として活躍し続けている。彼女は、イスラエルと日本の間でのビジネスチャンスを見出し、両国の経済発展に貢献。この努力は、イスラエルと日本の関係強化に重要な役割を果たしている。

そんなシイラとマミコの共通のビジョンは、女性たちが直面する課題を理解し、それに対応するための具体的な手段を提供し続けることだ。彼女たちの取り組みは、女性たちが自分たちの力を信じ、挑戦し続けることを奨励している。それは、困難に直面しても諦めずに立ち上がり続ける「レジリエンス」の精神を育むことにほかならない。

彼女たちがともに進む道は、イスラエルと日本をつなぐだけでなく、世界中の女性たちにインスピレーションを与える旅となることを目標としている。

そして、この物語は、次章の対談でさらに深まっていく。彼女たちがどのようにしてこれらの挑戦に立ち向かい、それを通じて何を学び、どのような展望を持っているのか、その答えを探るために、さあ、最終章へ。

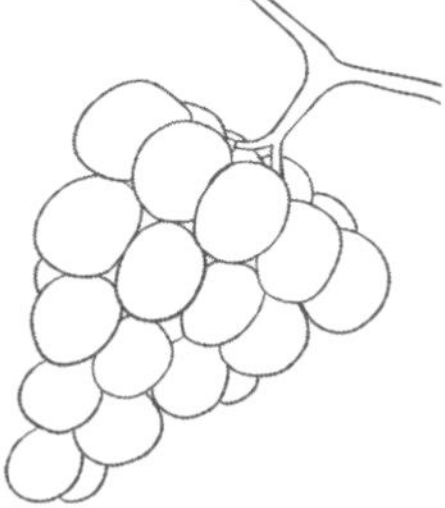

第4章

ユダヤ人の教育から学ぶこと

多様性の欠如は、
豊かな才能を
捨てているのと同じ。

ジャネット・イエレン／
経済学者、アメリカ初の女性財務長官

今を生きる

マミコ：この本を共著するにあたって、イスラエルの歴史文化を掘り下げ、私とシイラのバックストーリーを紹介してきました。私たちが出会った当初はお互い、女性としてのキャリア構築や多文化の重要性にフォーカスしていましたよね。

シイラ：そうですね。自分自身の「これまで」で感じ取ってきたこと、チャレンジだな、と思ったことを改善すべく、がむしゃらに頑張っていた記憶があります。

マミコ：もちろん、そのがむしゃらさ、というのは今もあると思います。が、その中でもとくに母親として次世代のことを考えると、教育についての話は避けて通れないと感じています。未来の子どもたちに何を継承していくか、そのことを真剣に考えないといけないなと思います。

シイラ：イスラエルでも、とくにネクストジェネレーションと彼らの未来について今できることは何か？　という課題が重要視されているんですよ。例えば家庭での教育は、子どもたちが失敗を前向きに受け入れることから始まります。前章でも触れていますが、子どもの頃からなんでも与えるのではなく、**「転んでも立ち上がればいい」**という考え方を教える傾向にあるんです。私たちは、**子どもたちに、なんでも自由に試してみる機会を与えます。心配をしすぎず、多くの選択肢を提供し、彼らが自分の好きなことを見つけられるようにします。**

マミコ：七転び八起きと日本の諺にはありますが、実際の日本文化にそれがどこまで根づいているのかが見えず……。私はニューヨークに住んでいた時に、まさにイスラエルと同じような教育スタイルにびっくりした記憶があります。**子どもたちが今を生き、自身のアイデンティティを大切にすること**を教わっていたので。

シイラ：歴史的背景も関係していますが、**今を大切にすること、この一瞬を生きることの価値はその後の人生においても非常に重要な土台だと思うんです。**「なんでこんなことをするんだろう？」という不確かな疑問ではなく、子どもたちが**「知りたい！　やりたい！」**と自分の好きなことに没頭することで、自然と学びへの興味が芽生え、成功へとつながると私は信じています。

マミコ：そうですね。私たちが目指したい教育とは、過去に学び、今を見据え、未来へとつなげていくような……**子どもたちが自らの道を見つけ、自分の可能性を最大限に引き出す手助けをすることだと思います。**

シイラ：とくにグローバルシチズンと呼ばれる今のジェネレーションの子どもたちがどう互いを理解し合い、助け合っていけるようになるのか。イスラエルの歴史的背景を踏まえても、外せない部分ですよね。

ジューイッシュ・マザーの教育法

マミコ：シイラ、あなたが言ったことに付け加えて、**ジューイッシュ・マザーの教育法**についても触れたいと思います。私は**ユダヤ人のお母さんたちは子どもの「なぜ？」や「どうして？」に深く、そして忍耐強く付き合っている**、と感じています。あなた自身が子どもたちに向き合うときにもよく見られる光景ですよね。教育熱心でありながらも、そのアプローチは日本のそれとは異なるように感じるのですが……。

シイラ：確かにそうですね。**ユダヤ人のお母さんたちは、子どもの興味や好奇心に対して、とことんつき合い、子どもが何が適しているか、何を望んでいるかを見つけ出します。**そして、その強みを伸ばすことに焦点を当てるのです。**こちらの都合で情報や解答を与えたりするのは自立した思考を生まないという概念が強くある**からだと思います。

マミコ：その点に関しては、スティーブン・スピルバーグ監督の例が思い浮かびます。彼は子どものころに識字障害を抱えていたそうですが、母親は彼を叱ることはなかったそうです。彼が映像作りに情熱を注ぐ姿を、母親は温かく見守り、彼の独創性を認めて応援していました。

シイラ：**人と違っててもいい。むしろ、歓迎すべきことだという考えですね。**そのような後押しが、子どもたちの自己表現や自立心を育むんです。子どもたちが自分の意見を持ち、それを論理的に表現する力を育むためには、こうした対話が不可欠です。

マミコ：なるほど。ジューイッシュ・マザーのように、子どもの好奇心に対して忍耐強く、かつ情熱的に対応すること。それが子どもたちの可能性を最大限に発揮するための鍵となるんですね。教科書通りに子育てしない、と一言でいうとそんな感じなのでしょうか。

シイラ：そうですね。既存の情報を知って上に立つよりも、未開拓の分野や、既存の分野に深い情熱を傾ければエキスパートに、そしてゲームチェンジャーになっていくわけですから。それは子どもたちが将来、どのような分野で活躍するかにかかわらず、彼らの生活やキャリア、そして国全体において強固な基盤を築くことになるのです。

コミュニケーションと自己主張

マミコ：だとすると、まず大事なのは教育以前に、コミュニケーションなのでしょうか？

シイラ：もちろんです！　**イスラエルの家庭では、親子間の会話がとても重要です。**イスラエル人は基本的におしゃべりで、話題に事欠きません。この環境が子どもたちに、**自分の考えや意見を臆せずに表現する能力を身につけさせます。**

マミコ：それはすばらしい環境ですね。コミュニケーションは子どもたちが自分自身を理解し、他人とかかわる上で不可欠なスキルですから。私もアメリカで生活し始めたころ痛感した部分です。自己主張することを少しでもためらったら、ファストフード店でポテトも買えないんですよ！　極寒のニューヨークでイエローキャブの取り合い……にもならず、横から出てきた人にタクシーを乗り去られたことは今でも忘れられません。

シイラ：まさにそのとおりです。子どもたちがいかにして自分の意見を効果的に伝えるか？　その方法を学ぶことが重要です。そして、それは単なる話術ではなく、自分の意見を論理的に構築し、さまざまな観点から——邪魔が入ることも想定して——物事を捉えることも処世術です。

マミコ：つまり、それは子どもたちがさまざまな状況や問題に対して柔軟に対応し、多角的な視点から考える力を育むということですね。

シイラ：サバイバルしていく中で重要な点です。イスラエルでは、子どもたちが多様な観点を持ち合わせることが奨励されます。それにより、彼らはただ情報を受け取るのではなく、それを自分の中で処理し、自分なりの意見や解決策を生み出すことになるからです。

マミコ：それは、子どもたちにとって、とても貴重な経験になりますね。自分の声を見つけ、それを社会の中でしっかりと表現できるようになることは、彼らが自立した大人に成長するための重要なステップだと思います。

シイラ：そうですね。このような教育を受けた子どもたちは、将来的に多くの分野でリーダーや、強いサポーター役として活躍する可能性が高まります。彼らはただの情報の受け手ではなく、能動的に情報を分析し、それに基づいて自分自身の行動や決断を下せる人物に成長していくのです。

マミコ：同感です。

シイラ：健全なコミュニケーションを確立できれば、次に重要なことは、チャレンジ精神を育てることです。イスラエルでは、子どもたちが失敗や痛みと向き合い、それを通じて学ぶことを重視しています。私たちは、**失敗は生活の一部であり、それを受け入れ、そこから何かを学ぶことが重要だと考えます。**

マミコ：失敗を恐れずに挑戦することが大切ですね。失敗を避けることよりも、失敗から何を学ぶかが重要だと思います。日本ではどうでしょうか。私自身が芸術一家に育ち、あまり周囲になじめなかった原因の一つが「チャレンジ精神がありすぎる」ことでした。学校などでは失敗しないように慎重を期すことが重要視されていた気がします。

シイラ：私もその記憶はありますね。昔はもっとおおらかな気質、文化があったと思うのですが、私たち世代あたりからケガをさせない、常に正解を求める場面が増えていったような。でもこれだと新しい気づきの場がなくなってしまいます。例えば、子どもがトンカチと釘を使って何かを作ろうとする時、彼らは自分で考え、あれこれと試すことを楽しんでいます。ときにはトンカチが手に当たってしまうこともありますが、それによって痛みを感じ、より安全に使う方法を学ぶんです。イスラエルでは、そういった経験を通じて、子どもたちが自主的に行動し、独創的な発想を持つことを何よりも促します。

マミコ：子どもたちに自分で考え、行動する機会を与えることが、彼らの自立心を育てる上で重要なんですね。

シイラ：そのとおりです。また、レジリエンスも重要な要素です。子どものころから、困難に立ち向かい、それを乗り越える力を身につけることを重視しています。これは、将来的に彼らが直面するであろう、さまざまな課題に対処するための基盤を作ることになります。

マミコ：レジリエンスは、現代社会においてますます重要な能力ですね。変化や挑戦に対して柔軟に対応し、何度でも立ち上がる力は、子どもたちにとって非常に価値のあるものです。

シイラ：ありがたいことにこれらの価値観は、イスラエルの文化と教育システムに深く根ざしています。子どもたちに多様な経験をさせ、自分自身で考え、行動する能力を育てることが、彼らの将来の成功への鍵となるのです。さらに、私たちは子どもたちの想像力を豊かにするために、彼らに自由を与え、多くの選択肢を提供します。あくまでも選択肢、ですよ。決して押しつけてはいけません。さりげなくアイデアを投げかけてみる。その中で子どもたちが自分の好きなことに没頭すれば、ひらめきが生まれ、それが勉強への興味や成功につながります。

マミコ：その点は非常に重要ですね。私たち大人が子どもたちに経済的、物理的な投資をすることも大事ですが、それ以上に、彼らの想像力を刺激し、新しい発想を促すことが大切です。**子どもたちに対してとことんつき合い、彼らの可能性を引き出すことが、私たちの役割だと思います。**

早ければ良いとされている科学教育

シイラ：ええ。子どもたちが自分の内に秘めた可能性を最大限に引き出せるように、我々は彼らの成長を支え、彼らの興味を刺激する環境を提供する必要があります。

マミコ：そして、そのプロセスにおいて、子どもたちは自分自身で学び、発見することができます。彼らは自らの手で、金融、アート、エンターテイメントなど、さまざまな分野で新しい道を切り開くことができるのです。

シイラ：まさにそのとおりです。子どもたちに対する教育は、ただ知識を詰め込むだけではなく、彼らの内にある創造性や独創性を引き出し、それを育むことが求められています。子どもたち一人ひとりが持つユニークな才能や興味に目を向け、それを伸ばすことが、これからの教育において重要なのです。

マミコ：先ほど環境の話がチラッと出てきましたね。日本とイスラエル、両方の環境で育った目線から見て、とくに家庭外で何か大きな違いはありましたか？

シイラ：はい。**イスラエルでは、科学教育は早ければ早いほど良いとされています。**もともとイスラエルは歴史上、科学の発展が著しく、私の学生時代にもプログラムは山ほどあったのですが、とくに**2015年秋から幼少期の子どもたちに対して年間300時間の科学授業の提供が始まりました。**ロボット、天文学、コンピュータ、宇宙空間に関する授業が含まれている非常に面白いものです。この教育改革の狙いは、テックに対応できる次世代を育て、彼らを未来のゲームチェンジャーにすることなんだとか。

マミコ：私が視察した「マダ・カッツ」という幼稚園は、その一例ですね。この幼稚園は、テクニオン・イスラエル工科大学、教育省、そしてサイエンス・ミュージアムが共同で運営しています。とはいえガチガチの塾、お受験、といったスタイルからは程遠く、**子どもたちは、自由な遊びを通して科学を楽しく学んでいました。**ノーベル化学賞を受賞したダニエル・シェヒトマンが開発した教育プログラムを採用していて、子どもたちが創造性を育むための革新的なアプローチが取られていて非常に驚きました。

シイラ：そうですね。このシステムの目標は、ただ知識を詰め込むのではなく、子どもたちが自分の興味や才能を発見し、それを伸ばせるような環境を提供することです。型にはまらないといけないような、堅苦しいスタイルではありません。イスラエルのこの教育システムを日本でも取り入れ、ソフトウェア開発やサイバーセキュリティなどの分野で子どもたちを指導することができれば、大きな進歩になるのではないでしょうか。

マミコ：私が子どものころにこんな学校があれば……と思います。ですが、なかったからこそ未来に向けてより多く広めていきたいスタイルですね。このような教育は、未来を見据えた大胆な投資といえます。

シイラ：そして、それは子どもたちだけでなく、私たち大人にとっても重要な教訓ですよ。未来を変えるゲームチェンジャーを育成するためには、私たち自身も柔軟な思考と創造的なアプローチを持つ必要があります。

多様性に満ちた心を育むために

マミコ：だとすると、やはりたどり着くのは「多様性」でしょうか。もはやグローバル社会という概念も当たり前になっている中、**多様性に満ちたマインド**というのは、可能性の宝庫だと思います。子どもたちがそれぞれの価値観や個性を持つことで、目には見えない無限の可能性が生まれます。クリエイティブな思考は、数え切れないほどの道を開くのですから。

シイラ：そのとおりですね。DNAだけではなく、習慣や環境も人を形作っていく要因です。私たちが子どもたちに与える教育や経験が、彼らの未来を形成するのです。

マミコ：今、私たち大人が問われているのは、次世代の子どもたちに創造性と独創性を重んじた教育環境を整えてあげることができるかどうかですね。

シイラ：教育は未来への投資です。私たちが今行う教育が、次世代の子どもたちの未来を照らします。私たちが多様性を受け入れ、それを活かす教育をすることで、子どもたちは自分らしい道を見つけ、歩んでいくことができるのです。

マミコ：そろそろこの対談も終わりに近づいてきました。第1章「シン・ユダヤ人の教え」ではイスラエルの歴史や文化、新たな目標や未来についてシェアしました。第2章では、ピンチをチャンスに変える起業家精神に満ちあふれたイスラエルの今の姿を紹介。第3章は、日本とイスラエルをつなぐ私たちをとおして綴られる「レジリエンス」の精神を育むストーリーです。

シイラ：私たちが共有してきたビジョンは、ただの夢ではなく、実現可能なものです。イスラエルと日本のルーツを持つ私としてはその強みを生かし、世界に新しい多様性の形を示すことができると信じています。

マミコ：第1章でも触れたフツパ精神、つまり恐れずに挑戦し続ける姿勢が、いかなるプロジェクトの成功にも不可欠ですよね。

シイラ：そうです。フツパ精神は、困難に直面しても諦めない強さを私たちに与えてくれます。私たちもまだまだ若い！　この精神を持ち続けながら、多様性を受け入れ、自身の可能性を最大限に引き出す方法を伝えていきましょう。

マミコ：読者のみなさまにもこの本を通してフツパ精神を感じていただければと願います。私たちの旅は始まったばかりです。これからも一緒に、よりよい未来を築いていきましょう！

エピローグ

ふつうのユダヤ人についての理解

この本を書くことで、私たちがこれまでの章で触れてきたイスラエルとユダヤ人の歴史や文化、そして私たち自身のストーリーについて、改めて深く考えさせられたように思います。とくに、イスラエル企業との日々のやり取りの中で、ユダヤ人の強いコミュニティ意識や独特なアプローチ方法に再び気づかされることが多くありました。

ユダヤ人に対する誤解は、しばしばシェイクスピアの『ベニスの商人』に描かれたシャイロックのような貪欲なイメージが想起されるからではないでしょうか。お金に強いこだわりを持ち、ユダヤ人ネットワークで世界を牛耳っている。このような描写は、ユダヤ人に対する強烈な印象を与え、彼らを一貫して合理的でありながら利己主義的な存在とみなす傾向があります。

しかし実際には、ユダヤ人は情に厚く、困っている人を助けようとする熱意を持っています。彼らは世界に無関心ではいられず、親身になって問題解決を図ることで知られています。私の経験では、多くのユダヤ人たちは国境を越えて寄り添い、合理的な方法で問題解決に尽力してくれました。

初めのうちは、私たち日本人とはあまりにも考え方や行動が違うので戸惑うこともありましたが、ユダヤ人たちと深い関係を築くことで、互いに理解し合えるようになりました。ユダヤ人に対する一般的な先入観や思い込みが間違っていることを、私は日々の交流を通じて学んでいます。

現代のユダヤ人の成功の背景にある考え方は、単にタルムードの教えではなく、長い歴史の中で受け継がれてきたアイデンティティが、とくに若者たちに自由な発想をもたらしていることにあります。イスラエルでの生活は最先端テクノロジーとは裏腹に、自然と深いつながりを保ち、子どもたちはその地の遊び場で創造力を育んでいます。彼らは砂や木、石を使って遊び、そこから無限の想像力を養っています。このような土地柄で生まれた創造性は、イスラエルの文化や産業の発展に大きく貢献しているのです。自然と触れ合い、手でモノをつくる経験は、彼らが生み出す革新的なアイデアや技術に深く根ざしています。

日本人とユダヤ人の関係は、表面上の違いを超えた深い共感と理解によって結ばれていることがあります。イスラエル人の中には親日家も多く、日本とのより深い絆を望んでいる人々も多くいます。

また、日本とのずっと古くからの関係をほのめかす「失われた10部族」という好奇心をくすぐられるような話もあります。これは古代イスラエルの歴史に基づいた伝承で、北イスラエル王国がアッシリアによって征服された後、10部族が捕囚され行方不明になったというものです。この失われた部族に関する言い伝えは、多くの文化や国々で語られており、なかには日本との関連を示唆するものもあるのです。

この伝承によれば、失われた10部族の末裔がシルクロードを通じて日本にたどり着き、日本文化に影響を与えたとされています。古代ヘブライ語と日本語の共通点を指摘する研究や、文化的な類似点を示す説もあります。もちろん歴史的根跡はあるものの、あくまで伝承の話であり、異文化間のつながりと共通のルーツに対する興味を反映しているとも考えられます。

この本を読んでくださったみなさまは、ユダヤ人全員に、才気あふれる成功したビジネスパーソンをイメージするかもしれません。言うまでもなく、そんなことはありません。ユダヤ人の多くは私たち同様、普通の生活を送る人々です。

いたらない面もあれば、失敗する人だってたくさんいるのです。しかし、彼らは自分らしくあること、失敗することを恐れません。それはなぜなのでしょうか。彼らは異なる文化の中で多様なバックグラウンドを持ちつつも、強いアイデンティティを共有しています。この共有されたアイデンティティこそが根源であり、彼らのグローバルな活躍、結束力、そしてコミュニケーション能力の根底にあります。

また、ユダヤ人コミュニティは、信仰の方向性が多岐にわたっていても、強固なネットワークを築いています。成功の鍵は、グローバルな視野、賢明な投資、そして家族やコミュニティとの強い絆にあります。


最後に、ちょっと笑ってしまった日本でのエピソードをシェアしたいと思います。京都を訪れた際、たまたま乗ったタクシーの運転手さんから「お客さんの前にイスラエル人の観光客を乗せたんですが、彼ら京都に関することではなくて、私のプライベートなことばかり細かく質問してくるんですよ。私のプライベートの何にそこまで興味があるんでしょうね」と話しかけられました。

私はそのシーンを想像して思わず笑ってしまいました。タクシーの運転手さんは、彼らのずけずけとした質問に戸惑いと厚かましさを感じたことでしょう。きっと彼らは京都よりも、運転手さんの方に興味をそそられたのでしょう。良くも悪くも自由奔放な彼らの「知りたい」という好奇心からくる振る舞いです。

彼らの文化的アプローチは、無駄な時間を省き、限られた時間でどれだけのこと、またその人のことを知ることができるか、なのです。他人に、ずうずうしいとか厚かましいと思われることは気にしません。こんな些細なことにさえ、リスクに屈せず自分を信じてやり遂げようとするチャレンジ精神、フツパ精神がみてとれます。

現代は、日々の生活が急速に変化し、多様性が重要視される時代です。個性や特性を大切にし、さまざまな価値観を受容するイスラエルの人々の姿勢をモデルに、私たち日本人も新しい時代の波を乗りこなしましょう。

世代を問わず、それぞれの目標に向かって力強く進んでいくことが大切です。

それでは、この本を手に取ってくださった皆さんに感謝を込めて、エピローグを締めくくります。この旅は続きますが、新たな発見と多様性への理解を深めながら、未来へと歩んでいきましょう。

2024年2月　米国　ペンシルバニア

三方眞己子

［著者略歴］
和田詩雷（わだ・しいら）

国際弁護士
イスラエル生まれ。日本人の母とイスラエル人の父を両親に持つ。IDF参謀本部諜報局8200部隊出身、弁護士の資格を取得。ビジネス方面では主に日本とイスラエルのビジネスコンサルタントとして 15 年以上の経験を持ち、イスラエルスタートアップと日本企業との事業開発を支援。日本とイスラエルにつながりのある女性が社会進出を目標に立ち上げた非営利組織「NEW-IJ」ファウンダー。これまでPIVOT、Abemaなどに出演。

三方眞己子（みかた・まみこ）

株式会社ME TIME 代表取締役
国内・海外エージェント業務、イベントコーディネート＆ブランディング・コンサルティングなどを手がける。1998年にジャーナリストビザを取得後、現地の情報調査と取材のため渡米。2003年までニューヨークに在住し、イスラエルを含む主要な国際ネットワークを築く。現在、イスラエルのスタートアップをはじめ、イスラエル政府関連、国内外の大学、研究機関、企業と連携。2022年11月にはイスラエル最大のフードテックフェスティバルにおいて日本・イスラエル国交70周年を記念して開設したジャパン・パビリオンの運営・企画を担当。

シン・ユダヤ人《じん》の教《おし》え

2024年3月1日　初版発行

著者　和田詩雷／三方眞己子

発行者　小早川幸一郎

発行　株式会社クロスメディア・パブリッシング
〒151-0051 東京都渋谷区千駄ヶ谷4-20-3 東栄神宮外苑ビル
https://www.cm-publishing.co.jp
◎本の内容に関するお問い合わせ先：TEL（03）5413-3140／FAX（03）5413-3141

発売　株式会社インプレス
〒101-0051 東京都千代田区神田神保町一丁目105番地
◎乱丁本・落丁本などのお問い合わせ先：FAX（03）6837-5023
service@impress.co.jp
※古書店で購入されたものについてはお取り替えできません

印刷・製本　中央精版印刷株式会社

ISBN978-4-295-40943-4　C0030